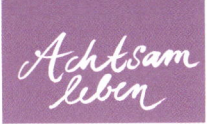

Achtsam leben

SUSANNE MOEBERG

Seelen-schutz für Hochsensible

AF203152

SCORPIO

Susanne Moeberg ist selbst hochsensibel und begleitet seit über 20 Jahren andere Menschen mit dieser besonderen Begabung als Achtsamkeitslehrerin, Autorin und Coach. Sie lebt in Dänemark.
www.moeberg.de

Die Originalausgabe ist unter dem Titel *Mindfulness for saerligt sensitive mennesker* im Møbergs Forlag, Højbjerg, Dänemark, erschienen.

Der Umwelt zuliebe

· produzieren wir zu über 90 % in Deutschland
· achten wir auf kurze Transportwege
· drucken wir auf Papier aus verantwortungsvollen Quellen

MIX
Papier aus verantwortungsvollen Quellen
FSC® C014889
FSC
www.fsc.org

5. Auflage 2023

© 2010, 2013 Møbergs Forlag
© der deutschsprachigen Ausgabe 2023
Scorpio Verlag in der Europa Verlag GmbH, München
Übersetzung aus dem Dänischen: Knut Krüger, München
Umschlaggestaltung: Hauptmann & Kompanie Werbeagentur, Zürich
Layout und Satz: Veronika Preisler, München
Druck und Bindung: Pustet, Regensburg
ISBN 978-3-95803-080-0
Alle Rechte vorbehalten.

Scorpio-Newsletter: Mehr zu unseren Büchern und Autoren kostenlos per E-Mail!
www.scorpio-verlag.de

Inhalt

Einleitung

Nie zuvor waren wir in unserem Alltag permanent so vielen Reizen und so großen Mengen an
Information ausgesetzt, die alle verarbeitet werden
wollen. Zu den äußeren Faktoren, die auf uns ein-
wirken, kommen noch die inneren hinzu – unsere
Gewohnheiten und Erwartungen an uns selbst.
Die meisten Menschen muten sich in Anbetracht
ihrer Zeit und Möglichkeiten zu viel zu und empfinden Stress, wenn sie an all das denken, was sie
nicht schaffen. Wir haben uns daran gewöhnt, immer mehrere Dinge gleichzeitig zu erledigen und
dabei unsere Aufmerksamkeit zu zerstreuen. Kein
Wunder, dass es uns oft schwerfällt, die innere
Ruhe zu bewahren.

Diese Lebensweise ist für jeden Menschen eine
Herausforderung, doch für Hochsensible gilt dies
in besonderem Maße, weil sie schneller den Punkt
erreichen, an dem sie keine weitere Belastung ertragen können, an dem alles zu viel, zu schnell und
zu laut erscheint.

Menschen mit hochsensibler Veranlagung werden
auch als HSP (Highly Sensitive Person) bezeichnet.
Hervorzuheben sind in diesem Zusammenhang die
Forschungsarbeiten der amerikanischen Psycho-

login Elaine Aron, die auch zahlreiche Bücher zu diesem Thema veröffentlicht hat. Ihre Studien belegen, dass 15 bis 20 Prozent aller Menschen (Männer und Frauen zu gleichen Teilen) hochsensibel sind. Was natürlich nicht bedeutet, dass es allen anderen an Sensibilität und Empathie mangeln würde!

Bei ausgeprägt sensitiven Menschen ist das Nervensystem feinfühliger, und das Gehirn empfängt und verarbeitet Stimuli detailreicher und nuancierter als üblich. Sinneseindrücke werden intensiver verarbeitet, was bedeutet, dass Hochsensible auch Eindrücke, Gefühle und Stimmungen wahrnehmen, die andere womöglich gar nicht bemerken. Wobei auch positive Gefühle wie Freude, Leidenschaft, Glück und Begeisterung zu einer Überreizung führen können. Dazu kommt, dass viele Hochsensitive in dem Bestreben, genauso leistungsfähig zu sein wie andere, oft Gewohnheiten, Denk- und Verhaltensmuster entwickeln, die ihrerseits eine überstimulierende Wirkung haben.

Wer anders reagiert als die anderen, bekommt in unserer Gesellschaft nicht selten das Gefühl vermittelt, irgendwie »verkehrt« zu sein – eine Erfahrung, die viele hochsensible Menschen schon in ihrer Kindheit machen. Daraus resultieren nicht selten ein mangelndes Selbstwertgefühl sowie die

Sind auch Sie hochsensibel?

Wenn Sie ausgeprägt feinfühlig und sensitiv sind, werden Sie sich vermutlich in folgenden Aussagen wiedererkennen:

- Ich lasse mich stark von Gefühlen und Stimmungen beeinflussen.
- Das Wohlergehen meiner Mitmenschen liegt mir am Herzen.
- Ich werde leicht nervös, ängstlich oder unsicher.
- Ich neige dazu, mich zu verteidigen und mein Verhalten zu erklären.
- Ich werde schneller müde/habe schneller genug/ bin schneller überstimuliert als die meisten anderen.
- Ich habe Angst, zu egoistisch zu sein.
- Ich bekomme leicht Schuldgefühle/ein schlechtes Gewissen.
- Ich habe Schwierigkeiten, meine persönlichen Grenzen zu erkennen/zu wahren.
- Ich stelle hohe Anforderungen an mich selbst.
- Auch positive Stimmungen, z. B. in der Musik, Kunst, Natur, nehme ich sehr intensiv wahr.
- Ich bin intuitiv, kreativ und einfühlsam.
- Ich bin tiefsinnig und grüblerisch.
- Ich habe ein reiches Innenleben.
- Ich bin bestrebt, für eine gute Atmosphäre zu sorgen.
- Ich kann mich gut konzentrieren und in etwas versenken.
- Ich mag es nicht, gestört zu werden.
- Meine Wertvorstellungen drehen sich um Empathie, Liebe, Freude und Begeisterung.

Tendenz, sich selbst unter Druck zu setzen und die eigenen Bedürfnisse und Grenzen nicht zu achten.

Viele Betroffene berichten daher, dass der Moment, in dem sie sich ihrer Veranlagung zur Hochsensibilität bewusst wurden, schlagartig ihr Selbstbild und ihr Leben veränderte. Plötzlich hatten sie das Gefühl, dass alles einen Sinn ergibt, sich zusammenfügt und dass sie sich endlich so akzeptieren können, wie sie sind, und Ruhe und inneren Frieden finden.

Die gute Nachricht ist, dass mit dieser Veranlagung auch viele außerordentlich positive Eigenschaften einhergehen: Ausgeprägt sensitive Menschen haben ein großes Herz und das Potenzial, besonders kreativ, intuitiv, originell und nachdenklich zu sein. Sie sind kooperativ und versetzen ihre Umgebung oft in gute Stimmung. Wer für die eigene Sensitivität Sorge trägt, kann sehr einfühlsam und empathisch sein.

Tatsächlich lässt sich an der Disposition zur Hochsensibilität nichts ändern. Was Sie allerdings sehr wohl beeinflussen können, ist Ihre Einstellung zu sich selbst und die Art, wie Sie auf Ihre Umwelt reagieren. Wenn das gelingt, das zeigen Studien, haben Betroffene überdurchschnittliche Chancen auf ein erfülltes Leben mit beglückenden Erfahrungen und liebevollen Beziehungen – sofern es ihnen gelingt, sich vor Reizüberflutung zu schützen. Deshalb ist es für die Lebensqualität besonders sensitiver Menschen, für ihr Bewusstsein und Selbstwertgefühl sowie für ihr inneres Gleichgewicht von entscheidender Bedeutung, dass sie lernen, Überstimulation zu vermeiden bzw. in den Griff zu bekommen.

Wer sich intensiver mit diesem Thema beschäftigen möchte, dem empfehle ich mein Buch *Ja, ich spüre mehr! Gut leben mit Hochsensibilität* (Scorpio Verlag 2016).

Die beste Methode, um sich vor Überreizung zu schützen, ist, gegenwärtig zu sein, das heißt, ganz im Hier und Jetzt aufzugehen. Achtsamkeit ist bewusstes Präsentsein im jeweiligen Augenblick. Indem wir Achtsamkeit praktizieren, verhindern wir, dass unser Leben von unbewussten Forderungen, Gedanken und Gefühlen dominiert wird, und reduzieren unsere Tendenz, auf alles, was um uns herum geschieht, automatisch zu reagieren.

Achtsamkeit ist eine einfache Form der Meditation, die bereits nach kurzer Übungszeit eine positive und anhaltende Wirkung entfaltet. Studien belegen, dass praktizierte Achtsamkeit Stress vorbeugt und das Gefühl, unter Druck zu stehen, verringert.

Der Weg der Achtsamkeit

Achtsamkeit ist eine Form der Meditation, die ihre Wurzeln in alten, teils buddhistischen Traditionen hat. Dass sie inzwischen auch in unserem Teil der Welt praktiziert wird und sich diesem angepasst hat, ist nicht zuletzt dem amerikanischen Medizinprofessor und Autor Jon Kabat-Zinn zu verdanken, dem Begründer und ehemaligen Leiter der *Stress Reduction Clinic* am *Center for Mindfulness in Medicine, Health Care, and Society* an der medizinischen Fakultät der University of Massachusetts. Seine Arbeit hat dem wachsenden Interesse am Thema der Achtsamkeit seit 1979 den Weg gebahnt, und zwar in den verschiedensten gesellschaftlichen Institutionen und Fachgebieten wie der Medizin und Psychologie, dem Gesundheitswesen, an Kliniken und Schulen, in Firmen, Sportvereinen und sogar Strafvollzugsanstalten.

Inzwischen nutzen viele Psychologen diese Methode, um Angstzustände, chronische Schmerzen und wiederkehrende Depressionen zu behandeln. Sie wird von Krebspatienten, Soldaten und Strafgefangenen angewandt. Auch im Wirtschaftsleben findet die Achtsamkeit Anwendung, und die Praxis hat gezeigt, dass sie Stress entgegenwirkt und die Anzahl der Krankheitstage reduziert.

Achtsamkeit spielt auch im Privatleben vieler Menschen eine Rolle, um ihr Wohlbefinden und ihre Lebensqualität zu verbessern, das Selbstwertgefühl zu steigern, Freude und Energie zu erzeugen.

Achtsamkeit lässt sich gut trainieren. Wobei die Übungen dazu nicht mit der Achtsamkeit selbst verwechselt werden sollten. Achtsamkeit ist ein Lebensstil, eine bestimmte Art, aufmerksam und gegenwärtig zu sein. Ein Weg, im Hier und Jetzt zu leben und den Herausforderungen des Alltags zu begegnen.

Alle Menschen fühlen sich hin und wieder überreizt und erschöpft. Auch als Mensch mit einer ausgeprägt sensitiven Veranlagung kann man sich nicht gänzlich davor schützen. Doch Achtsamkeit sorgt dafür, dass dies nicht so häufig geschieht und dass man sich Situationen und Momenten, in denen es doch passiert, besser gewachsen fühlt.

Seelenschutz für Hochsensible bietet Ihnen eine grundlegende Einführung in das Wesen der Achtsamkeit und zeigt Wege auf, diese im Alltag zu praktizieren – einfach, überschaubar und konkret.

Ich habe mich auf die Arbeit mit hochsensiblen Menschen spezialisiert, weil ich es selbst auch bin und daher nur zu gut weiß, wie schwer es für viele von uns ist, sich in dieser schnelllebigen Gesellschaft zurechtzufinden, in der Menschen mit einem erhöhten Bedürfnis nach Ruhe, Tiefsinn und Konzentration nicht sonderlich hoch im Kurs stehen. Daher möchte ich hier sowohl meine per-

sönlichen als auch professionellen Erfahrungen dazu weitergeben, wie es Betroffenen möglich sein kann, ihre empfindsame Seele durch Achtsamkeit zu schützen. Meiner Erfahrung nach können hochsensible Menschen große Freude erleben und innere Ruhe finden, wenn sie Achtsamkeit praktizieren.

Bevor Sie nun weiterlesen, schlage ich vor, dass Sie kurz innehalten und eine Übung machen, die Sie in den gegenwärtigen Moment zurückbringt. Sie dauert nur ein bis zwei Minuten.

ÜBUNG

Zurück ins Hier und Jetzt

Schließen Sie die Augen, nehmen Sie Ihre Atmung wahr und sagen Sie zu sich selbst: *In diesem Moment, an diesem Tag, hier, wo ich bin, an diesem Ort, genau jetzt, in diesem Augenblick – einatmen und ausatmen.*
Wiederholen Sie dies, sooft Sie möchten.

1

Wie funktioniert Achtsamkeit?

»Das Leben im Hier und Jetzt ist wunderbar.«
Thich Nhat Hanh

Achtsamkeit ist bewusstes Gegenwärtigsein. Es ist die Fähigkeit, seine volle Aufmerksamkeit auf das Hier und Jetzt zu richten – in jedem einzelnen Moment. Andere Begriffe, die mitunter als Synonyme für Achtsamkeit benutzt werden, sind: Meditation, Geistesgegenwart, Wachsamkeit, Präsenz und Leben im Hier und Jetzt.

Die Essenz besteht darin, sich voll und ganz bewusst zu machen, was in diesem Moment in einem selbst und um einen herum geschieht – ohne dies zu beurteilen oder beeinflussen zu wollen. Es geht einzig und allein darum, den gegenwärtigen Zustand ebenso geduldig wie freundlich zu registrieren und zu akzeptieren.

Mit Achtsamkeit entgehen Sie der Neigung, unwillkürlich auf das zu reagieren, was um Sie her geschieht. Was Sie wiederum in die Lage versetzt, sich selbst zu spüren und bewusste Entscheidungen zu treffen, in Übereinstimmung mit Ihren eigenen Wünschen und Wertvorstellungen zu handeln und dabei Ihre natürlichen Grenzen zu wahren.

In Zeiten, in denen wir nicht aufmerksam und gegenwärtig sind, überlassen wir quasi dem inneren Autopiloten die Arbeit, was bedeutet, dass unser Leben völlig unreflektiert von Gewohnheiten, Gedanken und Gefühlen gesteuert wird. Praktizierte Achtsamkeit dagegen meint eine vorbehaltlose Akzeptanz der Wirklichkeit, ohne auf diese automatisch oder gewohnheitsmäßig zu reagieren. Das bedeutet jedoch nicht, dass Gedanken und Gefühle ignoriert oder unterdrückt werden. Aber man analysiert und beurteilt sie nicht, sondern nimmt sie wahr, wenn sie auftauchen, und betrachtet sie als natürlichen Bestandteil des eigenen Bewusstseins.

Achtsamkeit heißt, dem Augenblick bewusste Aufmerksamkeit zu schenken, ohne zu be- oder zu verurteilen.
Jon Kabat-Zinn

Durch das reine Beobachten dessen, was in Ihnen vorgeht, spüren Sie sich besser, werden sich Ihrer Neigung, automatisch zu reagieren, bewusst, erkennen, was Sie antreibt und was Ihre Ängste und Ihre Wünsche sind. Das verschafft Ihnen die einzigartige Möglichkeit, auch die winzigen Stimmungs- und Energieschwankungen in sich aufzuspüren, die Ihnen signalisieren, dass Sie sich allmählich erschöpft, gestresst und überstimuliert fühlen – und diesen Tendenzen entgegenzuwirken.

Achtsamkeit ist keine fremde neue Fertigkeit, die Sie mühsam erlernen müssen. Denken Sie an ein Kind, das selbstvergessen mit seinem Ball spielt. Kinder besitzen die natürliche Fähigkeit, im Hier und Jetzt zu leben, ohne Gedanken an die Vergangenheit oder Zukunft zu verschwenden. Als Kind konnten Sie dies auch. Daher werden Sie Achtsamkeit und bewusstes Gegenwärtigsein vermutlich wie ein Déjà-vu erleben. Sie müssen sich also im Grunde gar nichts Neues aneignen, sondern nur eine Fähigkeit wiederbeleben, die Sie bereits haben.

Achtsamkeit braucht regelmäßiges Training, am besten durch tägliche Meditations- und Achtsamkeitsübungen. Dabei sollten Sie Achtsamkeit nicht mit den Übungen gleichsetzen. Diese sind nur das Mittel, um die Fähigkeit zur Achtsamkeit im Alltag zu stärken, damit Sie sie jederzeit anwenden können, wenn Sie Gefahr laufen, aus dem Gleichgewicht zu geraten und aus dem Gegenwärtigsein herauszufallen.

Achtsamkeit ist eine gleichermaßen einfache und schwierige Methode. Unser Gehirn neigt dazu, ständig vom Hier und Jetzt abzuschweifen, sich in Gedanken und Gefühlen zu verlieren, die mit Vergangenheit und Zukunft zu tun haben. Sich das bewusst zu machen ist einfach. Die Schwierigkeit besteht darin, genau dieses ständige Abschweifen zu verhindern, Gedankenketten zu unterbrechen und flexibel und elegant in die Gegenwart zurückzukehren – immer und immer wieder.

Der Grundpfeiler: die Atmung

Ein zentraler Punkt der Achtsamkeitspraxis ist die Aufmerksamkeit auf den Atem. Manchmal kann es schwierig sein, alle Gedanken und Handlungsimpulse einfach zuzulassen, ohne automatisch darauf zu reagieren. Dann geht es darum, den Fokus gelassen davon weg auf etwas anderes – Neutrales – zu richten. Dazu eignet sich die Atmung sehr gut, denn auf sie können wir uns überall und jederzeit konzentrieren. Dazu braucht es keinen Meditationsraum. Man kann es gleichermaßen im Auto oder im Einkaufszentrum, auf dem Flughafen, in der Werkstatt, im Büro oder zu Hause machen, allein oder mit anderen zusammen, im Sitzen, Stehen, Gehen oder Liegen, während man Ruhe hat oder andere Dinge erledigt. Der Atem ist stets da und immer zur Hand. Das heißt, Sie können Ihre Gedanken und Handlungen jederzeit stoppen, indem Sie die Aufmerksamkeit auf Ihren Atem richten. Probieren Sie es selbst aus!

ÜBUNG

Mein Atem in diesem Moment

Stellen Sie sich die Frage: Wie ist mein Atem jetzt gerade?, und beobachten Sie, was geschieht: mit Ihrer Aufmerksamkeit, Ihren Gedanken und Ihrem inneren Tempo.
Nachdem Sie sich Ihrer Atmung vergewissert haben, lassen Sie die Gedanken, die da sind, einfach ziehen und schaffen so einen neuen Bewusstseinsraum.
Sie werden sehen, dass das Beobachten des Atems automatisch die Aufmerksamkeit von dem abzieht, was Sie zuvor getan haben, und sie stattdessen auf Sie selbst fokussiert, auf Ihren Körper und Ihr Bewusstsein, Ihre Präsenz im Hier und Jetzt.

Der Atem ist das Bindeglied zwischen Körper und Geist. Manchmal – vielleicht zu oft – denkt unser Geist etwas anderes, als der Körper gerade tut. Körper und Geist bilden von sich aus nicht zwangsläufig eine Einheit. Aber wenn man bewusst atmet, findet man zur Verbindung mit sich selbst und dem Leben im Hier und Jetzt zurück. Bewusstes Atmen bringt den Gedankenstrom zum Erliegen – ohne dass man deshalb in Trance oder in Schlaf fällt. Im Gegenteil: Bewusstes Atmen macht wach und gegenwärtig.

Im Augenblick zu ruhen
ist ein wunderbares Erlebnis.
Achtsamkeit führt uns ins
Leben zurück.
Thich Nhat Hanh

Je mehr wir unsere Aufmerksamkeit auf die Atmung richten, desto gleichmäßiger und entspannter wird diese werden. Ruhe und Freude breiten sich in uns aus, und auch der unablässige Gedankenstrom lässt nach oder versiegt ganz.

Atmen ist etwas, das wir in der Regel nicht bewusst tun, sondern nur bezeugen können, wenn es geschieht. Die Atmung ist ein unwillkürlicher Vorgang, er passiert von allein. Es ist die Intelligenz unseres Körpers, die uns atmen lässt. Wir müssen nichts anderes tun, als unsere Aufmerksamkeit darauf richten.

Sie brauchen Ihre Atmung auch nicht zu verändern. Lassen Sie sie einfach geschehen und beobachten Sie sie mit Wohlwollen und Akzeptanz, ohne darüber zu urteilen, ob sie möglicherweise zu langsam oder zu schnell oder zu unruhig ist. Dann wird sich von selbst ein natürlicher Rhythmus einstellen.

Es braucht nicht viel – schon fünf bewusste Atemzüge verändern Ihren Zustand. Das dauert ungefähr eine Minute. Aber selbst das kann zu Anfang schwierig sein und erfordert Training. Als ich mit der Achtsamkeitspraxis begann, schaffte ich gerade mal drei Atemzüge, ehe meine Gedanken wieder abschweiften oder ich ungeduldig wurde und aufstand, um etwas anderes zu tun. Wenn es Ihnen also ähnlich ergeht, ist das ganz normal. Haben Sie Geduld mit sich und üben Sie einfach weiter.

Bewusst atmen

Schließen Sie Ihre Augen und nehmen Sie sich eine Minute Zeit.

Achten Sie ganz genau auf Ihre Atmung. Wie fühlt es sich an, wenn Sie atmen?

Spüren Sie, wie die Luft in Ihren Körper ein- und ausströmt. Beobachten Sie, wie Brust und Bauchdecke sich ein wenig weiten, wenn Sie einatmen, und sich beim Ausatmen wieder zusammenziehen. Registrieren Sie den kühlen Luftzug an Ihren Nasenlöchern beim Einatmen und die etwas wärmere Luft beim Ausatmen.

Oder konzentrieren Sie sich einfach darauf, wenn Sie einatmen innerlich zu sagen: *Einatmen,* und bei der Ausatmung: *Ausatmen.*

....

Gedanken
sind nur Gedanken

Achtsamsein ist einfach – und zugleich schwierig, weil unsere Gedanken ganz von allein ständig abschweifen, sich in Planspielen, Beurteilungen, Träumen und Fantasien verlieren wollen. Unser Geist ist permanent auf der Suche nach etwas, mit dem er sich beschäftigen kann.

Doch Gedanken sind nur Gedanken. Sie sind nicht die Wirklichkeit, sondern unsere *Interpretation* derselben. Dennoch haben Gedanken einen entscheidenden Einfluss auf unser Verhalten, unsere Gefühle und Reaktionen und somit auch auf unsere Lebensqualität. Wir alle haben das schon an uns selbst erlebt. Ein kleines Beispiel macht das deutlich: Ich brauche Sie bloß zu bitten, sich jetzt an ein besonders unangenehmes Erlebnis in Ihrem Leben zu erinnern – zum Beispiel eine Situation, die Sie wütend, verwirrt oder verzweifelt gemacht hat. Und wenn ich Sie dann weiter auffordern würde, sich dieses Erlebnis möglichst detailliert noch einmal vor Augen zu führen – was damals von wem gesagt wurde und was Sie dabei empfunden haben –, dann bin ich davon überzeugt, dass Sie sich im Handumdrehen äußerst unwohl fühlen würden, obwohl es sich doch nur um ein Gedankenspiel handelt.

Nach dem gleichen Prinzip könnte ich Ihnen natürlich auch zu einem angenehmen Gefühl verhelfen, indem ich Sie einlade, sich an ein heiteres oder rundum schönes Erlebnis zu erinnern – etwas, das Ihnen gezeigt hat, dass das Leben voll beglückender Leichtigkeit sein kann.

Nimm deine Gedanken
nicht zu ernst.
Eckhart Tolle

Buddha sagt, dass wir die Welt durch unsere Gedanken erschaffen. Damit meint er, dass wir nicht
auf die Wirklichkeit reagieren, sondern auf unsere
Interpretation davon. Die kognitive Psychologie
geht von derselben Grundannahme aus: dass wir
unsere Welt durch das erschaffen, was wir von ihr
denken.

Das habe ich am eigenen Leib sehr eindrücklich
erfahren, als ich einmal eine Ausstellung des dänischen Malers Thomas Kluge besuchte. Seine fan-
tastischen Bilder stellen die Wirklichkeit scheinbar
so dar, wie sie ist. Doch je länger man sie betrachtet, umso größer werden die Zweifel.

Ein Bild in dieser Ausstellung zeigte das Gesicht
eines Mannes. Es wirkte absolut naturgetreu. Auf
dem Kinn und um den Mund herum waren große
leuchtend rote Flecken zu sehen, die einen sofort
an Blut denken ließen, als wäre der Mann schwer
verletzt. Ein unbehaglicher Anblick. Einerseits ließ
es meine Neugier erwachen, andererseits wider-

strebte es mir, das Bild länger zu betrachten. Doch als ich beim Nähertreten sah, dass der Titel des Bildes »Himbeermarmelade« lautete, änderten sich meine Empfindungen schlagartig. Der Mann hatte also offenbar nur etwas ungeschickt Marmelade gegessen. Ich lächelte unwillkürlich und vertiefte mich mit neu erwachtem Interesse und Wohlwollen in das geniale Bild.

Die buddhistische Psychologie weist unserem Bewusstsein entscheidende Bedeutung zu, indem sie betont, dass nicht äußere Faktoren, sondern einzig und allein unsere geistige Verfassung darüber entscheidet, ob wir glücklich sind oder nicht.

Für die meisten hochsensiblen Menschen ist es selbstverständlich, dass sie über viele Dinge intensiv nachdenken und ihre Eindrücke differenzierter und detailreicher verarbeiten als die meisten anderen. Ob sich diese Eigenschaft positiv oder negativ auswirkt, hängt davon ab, mit welcher Art von Gedanken sie sich beschäftigen. Es ist ganz entscheidend für Ihr Wohlbefinden, ob Ihre Gedanken um Sorgen, Minderwertigkeitsgefühle und den Wunsch kreisen, dass alles anders sein sollte, als es ist, oder ob Sie wohlwollende, optimistische und liebevolle Gedanken hegen.

Freiheit bedeutet nicht, frei von bestimmten Gedanken und Gefühlen zu sein. Freiheit ist das

Wissen, sich nicht mit seinen Gedanken und Gefühlen identifizieren zu müssen.

Es ist etwas Wunderbares, dass wir Einfluss auf unsere Gedanken nehmen können. Und Achtsamkeit hilft uns dabei, sich ihrer bewusst zu werden. Das verschafft uns die Freiheit, Gedanken loszulassen, die uns nicht guttun, und uns bewusst für solche zu entscheiden, die unser Leben stützen, die unseren Wünschen und Träumen entsprechen.

Was wird in Ihrem Kopf geredet?

Haben Sie schon einmal bemerkt, dass in Ihrem Kopf unablässig und automatisch innere Dialoge ablaufen? Das ist wie ein mehr oder weniger bewusstes Grundrauschen, wie ein Tonbandgerät ohne Pausentaste, das immer wieder dasselbe von sich gibt. Als säße uns ein ewig plappernder Papagei auf der Schulter.

Es sind diese automatischen Gedanken, die oft mit unseren sehnlichsten Wünschen oder tiefsten Ängsten zu tun haben. Gedanken, auf die wir sehr viel mentale Energie verwenden.

Was wird in Ihrem Kopf geredet? Und wer entscheidet über die Themen? Sind Sie sicher, dass das Gesprochene immer die Wahrheit ist? Oder vergeuden Sie damit vielleicht unnötig Ihre Zeit, weil es Sie überwiegend missmutig und unglücklich macht?

Stellen Sie sich vor, Sie sitzen am Steuer eines Busses. Die Sonne scheint und die Straße schlängelt sich geruhsam durch eine schöne Landschaft. Sie haben allen Grund, sich zu entspannen und die Fahrt zu genießen. Aber Sie sind nicht allein. Ihre Gedanken sind wie Passagiere, die Ihnen ständig etwas zurufen: *Beeil dich, du fährst zu langsam! Die nächsten warten schon! – Was wohl die anderen von mir denken? Die Leute werden bald merken, dass ich ein elender Fahrer bin. – Reiß dich zusammen! Du kannst nicht einfach so dasitzen und die Fahrt genießen. – Hab ich nicht irgendwas vergessen? – Ich glaube, ich habe mich total verfahren. – Das wird nicht mehr lange gut gehen. – Ich brauche jetzt unbedingt ein Stück Schokolade.* In diesem Gedankenkarussell verlieren Sie unweigerlich die Konzentration auf den Augenblick, werden angespannt und nervös und erhöhen das Tempo, was Sie nur noch unruhiger macht.

Mithilfe der Achtsamkeit werden wir unserer Gedanken gewahr. Der Gedankenstrom verlangsamt sich dadurch und findet weniger automatisch, sondern bewusster statt. Wir können bildlich gesprochen einen Schritt zurücktreten und unsere Gedanken von außen betrachten. So können wir

auch feststellen, ob das, was wir denken, über-
haupt der Wahrheit entspricht.

Versuchen Sie einmal, sich selbst von außen zu betrachten, während Sie dies lesen. Vielleicht – hoffentlich – sind Sie bislang von der Lektüre ganz in Anspruch genommen gewesen, haben Raum und Zeit vergessen. Lenken Sie nun Ihre volle Aufmerksamkeit auf diesen Augenblick. Sehen Sie sich selbst von außen. Machen Sie sich bewusst, dass Sie in diesem Moment hier sitzen und dieses Buch lesen. Auf diese Weise erweitern Sie Ihr Bewusstsein, spüren sich selbst und nehmen wahr, was um Sie herum geschieht.

Indem Sie bemerken, was gerade Ihre Aufmerksamkeit beansprucht – nämlich, dass Sie hier sitzen und lesen –, distanzieren Sie sich automatisch von Ihren unwillkürlichen Gedanken.

Natürlich ist grundsätzlich nichts falsch daran, auch einmal eine Zeit lang alles um sich herum zu vergessen. Dies war nur ein Beispiel, um Ihnen eine Tendenz zu illustrieren, die vermutlich auch bei Ihnen vorherrscht: mit Ihren Gedanken, Gefühlen und Taten zu einer Einheit zu verschmelzen.

Achtsamkeit hilft Ihnen zu bemerken, wann dieser Prozess einsetzt, und gibt Ihnen die Möglichkeit, rechtzeitig gegenzusteuern. Mithilfe der Achtsamkeitspraxis trainieren Sie die Fähigkeit, auf

flexible und einfache Weise in die Gegenwart zurückzukehren – nicht nur einmal, sondern immer
wieder –, ohne Selbstvorwürfe, ohne Selbstkritik,
ohne zu urteilen, sondern mit Akzeptanz, Geduld
und Freundlichkeit.

Die Gedanken beim Namen nennen

Nachdenken ist nicht verkehrt. Unser Geist ist zum
Denken geschaffen und stets auf der Suche nach
etwas, worüber er sich Gedanken machen kann.
Achtsamkeit dreht sich nicht darum, diese Gedanken zu stoppen, sondern darum, sich ihrer bewusst
zu werden und sie mit Geduld und Freundlichkeit
zu akzeptieren. Lassen Sie die Gedanken kommen
und gehen. Es geht darum, sie zu beobachten, ohne
sich automatisch von ihnen mitreißen zu lassen
oder sich gezwungen zu fühlen, auf sie zu reagieren.
Eine gute Methode, um Ihre Gedanken kennenzulernen und sich von ihnen zu distanzieren, besteht
darin, sie beim Namen zu nennen. Beispielsweise:
*Dies ist ein Planungsgedanke, ein Bewertungs-
gedanke, ein Erinnerungsgedanke, ein urteilender
oder kommentierender Gedanke, ein Wunsch-,
Traum- oder Fantasiegedanke. Dieser Gedanke hat
mit meiner Irritation, meinem Zorn, meiner Unge-*

duld, meiner Begeisterung oder meinem schlechten Gewissen zu tun. Dieser Gedanke ist negativ und engt mich ein, jener Gedanke ist positiv und eröffnet mir neue Perspektiven.

Falls Sie von einem Gedanken dazu animiert werden, zu handeln oder anderweitig zu reagieren, dann benennen Sie ihn zunächst als *Impuls*. Sagen Sie laut oder im Stillen *Impuls* und warten Sie einen Moment, ehe Sie sich entscheiden, ob Sie ihm folgen wollen oder nicht.

> **Das Leben ist nicht so ernst, wie deine Gedanken dich glauben machen.**
> Buddha

Denken Sie immer daran, dass Gedanken nur Gedanken sind – und die muss man nicht sonderlich ernst nehmen. Das gilt übrigens auch für die Gedanken anderer Menschen. Was andere über Sie denken, ist nicht die Wahrheit, sondern nur deren *Interpretation* dessen, was sie erleben. Darum müssen Sie sich auch über die Gedanken anderer Menschen über Sie keine Sorgen machen, denn sie erzählen mehr über diejenigen, die sie denken, als über Sie. Vergessen Sie das nie!

Gedanken benennen

Schließen Sie die Augen und sitzen Sie für einen Moment ganz ruhig da, bis Sie in Kontakt mit Ihren Gedanken kommen. Machen Sie sich bewusst: *Was denke ich gerade? Welche Gedanken beschäftigen mich derzeit?* Nennen Sie diese Gedanken beim Namen und beobachten Sie sie einfach, ohne sie zu beurteilen.

Stoppen und loslassen

Wenn Sie beginnen, Ihre Gedanken objektiv zu betrachten, werden Sie sich darüber wundern, wie sehr diese Ihr Leben bestimmen und dominieren. Sie werden entdecken, dass viele Ihrer Gedanken in Wahrheit bedeutungslos sind, verschwendete Zeit und Energie, und dass sie Sie allzu oft dazu bringen, sich anders zu fühlen und zu verhalten, als Sie eigentlich wollen.

Praktizierte Achtsamkeit versetzt Sie in die Lage, sich frei zu entscheiden, ob Sie Ihren Gedanken, Gefühlen und Handlungsimpulsen folgen wollen oder ob Sie ihnen lieber einen Riegel vorschieben – indem Sie sie stoppen und loslassen – und mit voller Aufmerksamkeit auf Ihre Atmung ins Hier und Jetzt zurückkehren wollen.

Genau darin besteht der größte Wert der Achtsamkeit: dass Sie Ihre Aufmerksamkeit schärfen und bewusste Entscheidungen treffen – und sich damit ein Stück Freiheit verschaffen.

Gegen Planspiele und Tagträume ist nichts einzuwenden. Es macht auch nichts, wenn wir zeitweise so geschäftig sind, dass wir sozusagen mehrere Bälle gleichzeitig in der Luft halten. Und genauso wenig ist es verkehrt, seinen Gefühlen Ausdruck zu verleihen. Es geht nur darum, immer wieder den Autopiloten auszuschalten, loszulassen und in die Gegenwart zurückzukehren.

Wie geht es mir in diesem Moment?

Eine gute Frage, die Sie sich zwischendurch immer mal wieder stellen sollten, lautet:
Was geht gerade in mir vor?
Und: *Fühle ich mich gerade wohl?*

Sabotieren Sie sich selbst?

Die meisten Menschen stehen häufig vor dem Problem, nicht genug Zeit zu haben, sich auf das, was sie tun, wirklich zu konzentrieren. Sie halten zu viele Bälle gleichzeitig in der Luft, müssen oder wollen allzu viel in zu kurzer Zeit erledigen.

Für Menschen, die in hohem Maße sensitiv sind, ist dies eine ganz besondere Herausforderung, denn sie besitzen häufig einen ausgeprägten Willen, das zu tun, was ihnen am Herzen liegt. Sie können sich sehr gut konzentrieren und haben ein reiches Innenleben. *Doch mögen sie es ganz und gar nicht, gestört zu werden.* Dann haben sie das Gefühl, aus der Tiefe ihrer Welt herausgerissen zu werden, und brauchen lange Zeit, um wieder in die Konzentration zu finden.

Störungen von außen sind das eine. Etwas anderes ist es, wenn wir uns selbst sabotieren, weil wir dazu neigen, zu vieles auf einmal zu tun. Hier geht es um Gewohnheiten – um die Art und Weise, wie wir Dinge erledigen.

Während Sie dabei sind, das Abendessen zuzubereiten, erhalten Sie mehrere SMS oder E-Mails, die Sie natürlich sofort lesen. Sie stellen fest, dass Sie sich unbedingt bei jemandem melden sollten, rufen ihn sofort an, und der Betreffende erinnert Sie an einen Termin, auf den Sie sich noch vorbereiten müssen. Und Sie dachten, Sie wären eigentlich gerade mit Kochen beschäftigt. Es geschieht sehr häufig, dass wir uns selbst stören, indem wir unseren Handlungsimpulsen blindlings folgen. Und wer dazu neigt, reagiert in der Regel auch empfindlicher auf die Störungen durch andere.

In einer amerikanischen Studie wurden entsprechende Versuche mit Affen unternommen. Man störte die Tiere in kurzen Abständen immer wieder, indem man an die Glasscheibe ihres Geheges schlug. Jedes Mal, wenn die Affen dies hörten, unterbrachen sie ihre jeweiligen Tätigkeiten und versuchten, die Ursache des Geräuschs herauszufinden. Als sie diese nicht fanden, nahmen sie ihre Tätigkeiten wieder auf. Dies wiederholte sich einige Male, und stets ließen die Affen sich stören. Es konnte nachgewiesen werden, dass sich die Affen binnen kurzer Zeit gestresst fühlten und innerlich aus dem Gleichgewicht gerieten.

Bei uns Menschen ist es nicht viel anders: Wie oft lassen wir uns in unserer Konzentration stören, indem wir unmittelbar auf SMS, E-Mails, Telefonanrufe etc. reagieren?

Positive Grundhaltungen, die durch Achtsamkeit gefördert werden

Achtsamkeit fördert Eigenschaften in uns, die sich ganz natürlich ergeben, wenn wir uns in einem inneren Gleichgewicht befinden: Freundlichkeit, Geduld, Mitgefühl, Fröhlichkeit, Liebe. Durch die Praxis der Achtsamkeit werden bestimmte Grundhaltungen in unserem Leben tiefer verankert.

Zu diesen Grundhaltungen gehören:

- Akzeptanz
- Geduld
- Freundlichkeit
- Nichtbewerten
- Loslassen

Akzeptanz

Akzeptanz ist eine Voraussetzung, um überhaupt achtsam sein zu können. Ohne sie wird es uns sehr schwerfallen, ganz im Hier und Jetzt zu sein und all das anzunehmen, was der gegenwärtige Augenblick beinhaltet.

Wenn es an Akzeptanz fehlt, werden die Gedanken immer etwas anderes oder mehr wollen als das, was gerade ist. Wie oft wünschen wir uns eine andere Realität herbei – ein anderes Ich, andere Mitmenschen, Begebenheiten, Umstände oder Bedingungen? Wie oft würden wir lieber gerade an einem anderen Ort sein? Ich denke, ziemlich oft.

Akzeptanz bedeutet, die Dinge so zu sehen, wie sie sind. All das zu tolerieren, was ist, den Augenblick vollkommen so anzunehmen, wie er sich gerade präsentiert, ohne den Wunsch oder die Erwartung, etwas zu verändern – auch wenn das manchmal nicht leicht ist.

Dabei geht es bei der Akzeptanz aber nicht darum, Veränderungen, Entwicklungen, Fortschritte und Verbesserungen prinzipiell vermeiden zu wollen. Vielmehr ist gemeint, den Dingen in diesem Moment erst einmal ihren natürlichen Lauf zu lassen. Das verschafft uns die beste Grundlage, um dann zu entscheiden, wie wir in Zukunft damit umgehen wollen. Keinesfalls bedeutet Akzeptanz, es beispielsweise hinzunehmen, wenn die eigenen Grenzen überschritten werden. Stattdessen geht es darum, erst einmal bewusst anzuerkennen, dass dies geschehen ist. Danach kann man sich überlegen, wie man sich zu diesem Umstand verhalten möchte.

Geduld

Geduld heißt zu akzeptieren, dass alles einen Zusammenhang hat und sich in der richtigen Geschwindigkeit entwickeln muss. Allzu oft wollen wir Vorgänge beschleunigen, sind ungeduldig und drücken aufs Tempo. Wenn es uns gelingt, dem Drang zu widerstehen, dass alles auf unsere Art und in unserer Geschwindigkeit geschehen soll, müssen wir auch nicht mehr alles kontrollieren und können uns mehr entspannen.

Hast und Eile helfen in der Regel nicht weiter. Und selbst wenn es mal etwas schneller gehen muss, kann man auch dann mit innerer Ruhe und der Überzeugung ans Werk gehen, dass man sich bewusst zu dieser Eile entschlossen hat.

Wenn wir uns die Ungeduld näher betrachten, entdecken wir, dass sie einer mehr oder weniger subtilen Furcht oder einem gewissen Zorn entspringt. Die Ungeduld besitzt eine gewaltige Energie, die aus dem heftigen Wunsch nach Veränderung erwächst, für den wir oft andere Personen oder die Umstände verantwortlich machen. Wir sollten uns unbedingt klarmachen, dass diese Ungeduld unserer persönlichen Entwicklung und unserem Glück im Wege steht.

Geduld hingegen ist der Mut, all das anzuerkennen, was wir spüren und wahrnehmen, ohne automatisch darauf zu reagieren. Geduld bedeutet, die Gegenwart zu akzeptieren, statt sie unmittelbar verändern zu wollen.

Es bringt nichts, an den Grashalmen zu ziehen, damit sie schneller wachsen. Nicht nur Blumen und Bäume entwickeln sich in ihrem eigenen Tempo. Alles braucht seine Zeit. Auch das Erlernen von Achtsamkeit.

Durch die Praxis der Achtsamkeit stärken Sie fortlaufend Ihre Geduld, nämlich jedes Mal, wenn Sie innehalten, auf Ihre Atmung achten, Ihren Gedankenstrom unterbrechen und dem Hier und Jetzt Ihre volle Aufmerksamkeit schenken.

Freundlichkeit

Ich mag das Wort Freundlichkeit. Stellen Sie sich vor, wie sich die Welt verändern würden, wenn alle Menschen zu sich selbst und zueinander freundlich, wenn all unsere Gedanken und Gespräche von Freundlichkeit geprägt wären.

Freundlichkeit bezieht sich sowohl auf das, was wir erleben, als auch auf zwischenmenschliche Beziehungen und unser Selbstbild. Für viele Menschen ist es eine große Herausforderung und Umstellung, sich selbst und ihre selbstkritischen Gedanken mit Freundlichkeit zu betrachten, doch ist auch dies ein zentraler Punkt beim Praktizieren von Achtsamkeit.

Es zeichnet viele hochsensible Menschen aus, dass sie stets das Bedürfnis haben, gute Stimmung zu verbreiten, und sich wünschen, dass es allen gut geht. Und ich bin mir sicher, dass die Eigenschaft der Freundlichkeit auch mit Ihren persönlichen Grundwerten in Einklang steht.

*Sei gut und freundlich,
wenn dies möglich ist –
möglich ist es immer.*
Dalai Lama

Diese drei Prinzipien *Akzeptanz, Geduld* und *Freundlichkeit* sind für mich zum Mantra geworden, das ich mir im Stillen mehrmals am Tag vorsage: *Ich lebe ganz im Augenblick – mit Akzeptanz, Geduld und Freundlichkeit.* In schwierigen Situationen beschränke ich mich auf die Worte *Akzeptanz, Geduld und Freundlichkeit.* Das hilft mir, an meinen Grundwerten festzuhalten und zugleich im Hier und Jetzt präsent zu sein.

*Achtsamkeit bedeutet, den Augenblick
zu fassen und zu akzeptieren,
ohne ihn mit der Vergangenheit zu
vergleichen oder mit Erwartungen an
die Zukunft zu verknüpfen.*
Charlotte Mandrup

Nichtbewerten

Es bedarf keiner langen Achtsamkeitspraxis, um sich darüber klar zu werden, dass unser Bewusstsein ständig bewertet, be- und verurteilt, sowohl uns selbst als auch andere. Wir haben im Großen und Ganzen zu allem, was wir erleben, eine Meinung und weisen allem einen Wert und eine Bedeutung zu. *Ich bin nicht gut genug. Das mag ich nicht. Das ist verkehrt. Das ist hübsch, hässlich, zu wenig, zu viel, zu dick, zu dünn, richtig oder falsch, willkommen oder unerwünscht. Das tut man, das tut man nicht.* Wer von uns kennt das nicht?

Unsere Gedanken werten und urteilen unablässig, und zwar meist unbewusst und automatisch. Als hätten wir einen kleinen Kommentator in unserem Kopf sitzen, der immer und zu allem seinen Senf dazugeben muss.

Wenn wir Achtsamkeit praktizieren, werden wir uns dieser Neigung bewusst und wir erkennen, welchen Einfluss dies auf unsere Persönlichkeit und unsere zwischenmenschlichen Beziehungen hat.

Einer der schwierigsten Aspekte der Achtsamkeitspraxis kann darin bestehen, sich aller automatischen Reaktionen und Wertungen zu enthalten. Wer aufhört, zu urteilen und zu bewerten, hat oft das Gefühl, einen Teil seiner Persönlichkeit aufzugeben. Was soll man dann noch denken? Worüber soll man reden? Und ist es nicht ein Zeichen von mangelnder Intelligenz, nicht zu allem eine Meinung zu haben?

Keine Sorge. Der erste Schritt besteht lediglich darin, sich seiner Neigung zu Wertung und Urteil bewusst zu werden und nicht automatisch eine bestimmte Meinung zu vertreten. Und erst im zweiten Schritt geht es darum – und zwar möglichst unvoreingenommen –, zu unterscheiden: ob etwas gut oder schlecht für uns ist, ob uns jemand helfen will oder ob das Gegenteil der Fall ist.

Solange unsere Neigung, zu werten und zu beurteilen, unbewusst und automatisch abläuft, hindert uns das daran, die Möglichkeiten des Augenblicks voll auszuschöpfen.

Loslassen

Unsere Gedanken und Gefühle sowie ein Großteil unserer Handlungen speisen sich oft aus zwei Motiven: Entweder wollen wir etwas Bestimmtes *erreichen* oder wir wollen es *verhindern*. Häufig klammern wir uns an Dinge, Menschen, Begebenheiten und Gewohnheiten, weil sie uns eine gewisse Sicherheit geben. Das Prinzip des *Loslassens* ist eine Aufforderung, uns davon zu lösen und zu befreien.

Loslassen handelt davon, sich dem zu öffnen, was der Augenblick für uns bereithält und wie er sich entfaltet – mit Akzeptanz, Geduld und Freundlichkeit. Wer loslässt, muss nicht kämpfen, wendet keinen Zwang an und leistet keinen Widerstand. Er gibt sich vielmehr dem Augenblick hin und lässt den Dingen ihren Lauf, ohne sich von dem beeinflussen zu lassen, was ihn anzieht oder abstößt. Was nicht bedeutet, dass man auf Veränderung, Entwicklung und Fortschritt verzichten muss, doch der Ausgangspunkt sollte stets sein, den Augenblick so zu akzeptieren, wie er nun einmal ist, ohne ihn unmittelbar verändern zu wollen.

Manchmal ist es schwierig, den Gedankenstrom, Gefühle, Reaktionen und Impulse einfach loszulassen, ohne etwas anderes an deren Stelle zu setzen. Daher richten wir, wenn wir Achtsamkeit praktizieren, unsere Aufmerksamkeit immer wieder aufs Neue auf unsere Atmung. Bewusst ein- und auszuatmen, das ist der Kern der Achtsamkeitspraxis und wird Ihr Bewusstsein und Ihren Zustand augenblicklich verändern.

Eigentlich kann das nicht allzu schwer sein, möchte man glauben, doch lehrt die Erfahrung, dass unsere Aufmerksamkeit ein äußerst flüchtiges Wesen und der Autopilot stets bereit ist, wieder die Kontrolle zu übernehmen. Dann kommen die Prinzipien Akzeptanz, Geduld und Freundlichkeit ins Spiel – seien Sie achtsam, lassen Sie alle Erwartungen, dass sich etwas verändert, los und richten Sie Ihre Aufmerksamkeit ein ums andere Mal auf das Ein- und Ausatmen. Allein das Streben danach, loszulassen, kann Ihnen ein Gefühl von Freiheit geben. Stellen Sie sich einfach vor, Sie öffnen Ihre Hand und geben etwas frei, das Sie bis dahin krampfhaft festgehalten haben.

Das Wunderbare ist, dass Sie, wenn Sie Ihre Achtsamkeit regelmäßig trainieren, schon binnen kurzer Zeit Ergebnisse erzielen und positive und anhaltende Veränderungen an sich feststellen werden. Dabei kann es hilfreich sein, sich zum Beispiel eine der auf Seite 126 empfohlenen Achtsamkeits-Apps herunterzuladen.

2

Achtsamkeit und Sensitivität

> »Fühlst du dich glücklich und erfüllt, wenn du durchs Leben gehst, dann tust du das Richtige.«
>
> *Thich Nhat Hanh*

Indem Sie Ihre Achtsamkeit schulen, stärken Sie automatisch Ihre Fähigkeit, mit Ihrer Sensitivität gut umzugehen, denn Sie lernen, die vielen kleinen Anzeichen und Stimmungsschwankungen, die signalisieren, dass Sie sich Ihrer Belastbarkeitsgrenze nähern, immer früher wahrzunehmen. Das wiederum versetzt Sie in die Lage, Reizüberflutung rechtzeitig vorzubeugen bzw. sie konstruktiv zu handhaben. Dadurch vermeiden Sie unnötigen Energieverlust und können an den Aktivitäten teilnehmen, die Sie sich wünschen.

Wenn wir von etwas sehr begeistert sind oder uns gehetzt fühlen, neigen wir dazu, in unseren Gedanken und Handlungen eingleisig zu werden und automatisch zu reagieren. Achtsamkeit ermöglicht uns, diesem Reaktionsmuster einen Riegel vorzuschieben, mit uns selbst in Kontakt zu treten und unsere innere Balance wiederzufinden.

Das richtige Maß

Für hochsensible Menschen kommt es auf das richtige Maß an. Zu wenig Stimulation langweilt sie, zu viel davon macht sie gestresst und erschöpft. Falls Sie dazu neigen, sich zurückzuziehen, um von bestimmten Situationen nicht überwältigt zu werden, dann kann Achtsamkeit Ihnen helfen, diesen besser gewachsen zu sein. Wollen Sie hingegen immer zu viel, kann Achtsamkeit Sie darin unterstützen, innezuhalten und loszulassen, um sich Ihre Energie und gute Laune zu bewahren.

Auch durch die Praxis der Achtsamkeit werden Sie nicht immer in der Lage sein, zu 100 Prozent einen kühlen Kopf zu bewahren. Aber Sie können belastende Situationen besser handhaben.

Denken Sie sich eine Skala von 1 bis 10. Wenn Sie sich in einem Einkaufszentrum oder an einem Flughafen befinden, dann erreicht Ihr Unbehagen womöglich die 10. Indem Sie täglich Achtsamkeit praktizieren, können Sie dieses Unbehagen vielleicht auf eine 6 reduzieren, was immerhin bereits eine erhebliche Verbesserung darstellt. Selbst wenn das Ergebnis nicht perfekt ist, so ist es doch bereits ein großer Erfolg.

Mit Achtsamkeit bewusste Entscheidungen treffen

Als ausgebildeter Coach ist es für mich selbstverständlich und von großem Wert, zielgerichtet und fokussiert zu arbeiten. Ich weiß genau, welche Resultate ich erreichen möchte, und setze mich voll und ganz dafür ein. Andererseits dreht sich Achtsamkeit darum, den Augenblick so zu akzeptieren, wie er ist, und sein Potenzial möglichst voll auszuschöpfen.

Man könnte jetzt glauben, dass zwischen Achtsamkeit und Coaching ein Widerspruch besteht, doch ist das nicht der Fall. Es geht vielmehr darum, wie stark wir an unser jeweiliges persönliches Ziel gebunden sind. Lassen Sie mich das anhand eines Beispiels verdeutlichen. Nehmen wir an, Sie gehen einkaufen. Nun gibt es drei Möglichkeiten: Wenn Sie *zu schwach an Ihr Ziel gebunden* sind, dann benutzen Sie keinen Einkaufszettel und haben sich vorher auch keine Gedanken gemacht, was im Kühlschrank fehlt oder was Sie brauchen. Sie lassen sich unbewusst von Ihren Gefühle leiten und wählen die Artikel, die Ihnen unmittelbar ins Auge springen.

Wenn Sie *zu stark an Ihr Ziel gebunden* sind, haben Sie einen peniblen Einkaufszettel geschrieben, den Sie Punkt für Punkt abarbeiten. Sie sind vollständig auf Ihren Zettel fixiert und kaufen nur das, was Sie darauf notiert haben.

Wenn Sie *angemessen an Ihr Ziel gebunden* sind, überlegen Sie im Voraus, was Ihnen fehlt, und schreiben einen Einkaufszettel. Im Geschäft wissen Sie genau, was Sie wollen, sind aber auch offen für andere Dinge. Vielleicht sind gerade Bio-Orangen im Angebot, also entscheiden Sie sich bewusst für die Orangen, obwohl Sie eigentlich Äpfel hatten kaufen wollen. Auch das Nougat in der Süßwarenabteilung verlockt Sie, doch steht Nougat nicht im Einklang mit Ihrem Gesundheitsbewusstsein, also lassen Sie die Finger davon. Oder Sie entscheiden sich doch für das Nougat, weil es genau das ist, was Sie heute für Ihr Wohlbefinden brauchen. Worauf es ankommt, ist, dass Sie nicht automatisch Ihren augenblicklichen Impulsen nachgeben, sondern bewusste Entscheidungen treffen.

Um auf die Beziehung zwischen Coaching und Achtsamkeit zurückzukommen: Das Coaching macht einem die eigenen Werte und die eigene Richtung klar. Und die Achtsamkeit verschafft einem die Aufmerksamkeit und Freiheit, um bewusste Entscheidungen in diesem Sinne treffen zu können.

Achtsamkeit und Meditation

Achtsamkeit ist eine Form der Meditation. Doch unterscheidet sich die Methode in einem wesentlichen Punkt von dem, was die meisten von uns unter Meditation verstehen. Ich bin schon vielen Menschen begegnet, deren Versuche zu meditieren gescheitert waren, weil sie stets von ihren wandernden Gedanken gestört wurden. Meist lag dies daran, dass sie sich zum Ziel gesetzt hatten, sich sämtlicher Gedanken zu entledigen.

Achtsamkeit handelt nicht davon, alle Gedanken loswerden zu wollen. An Gedanken ist grundsätzlich nichts verkehrt, im Gegenteil. Denken ist ein natürlicher Vorgang, und unser Geist strebt beständig nach neuen Gedanken. Bei der Achtsamkeit geht es stattdessen darum, sich das Denken bewusst zu machen und es näher zu untersuchen. Es geht darum, unsere Gedanken so zu nehmen, wie sie sind, ohne sie als willkommen oder unerwünscht zu beurteilen, ohne sie ändern zu wollen, um ein bestimmtes Resultat zu erreichen. Achtsamkeit dreht sich stets darum, sich die Realität

bewusst zu machen und ihr offen gegenüberzutre-
ten – mit Akzeptanz, Geduld und Freundlichkeit.
Während man sich bei gewissen Formen der Meditation z. B. auf ein Mantra fokussiert, richtet
man bei der Achtsamkeitspraxis seine Aufmerksamkeit auf alles, was gerade geschieht, und bleibt
dabei offen und neugierig.

Ich selbst praktiziere Meditation seit mehr als
zwölf Jahren. Während ich meditiere, lausche ich
sanfter Musik, die mich dazu inspiriert, in meine
Gedanken einzutauchen oder in einem trance-
ähnlichen Zustand aufzugehen. Beispielsweise lese
ich zuerst einen kurzen Text, schließe dann die
Augen, lausche der Musik und lasse meinen Gedanken freien Lauf. Oft habe ich dabei das wunderbare Gefühl, mit dem eigentlichen Wesen der
Dinge in Kontakt zu treten – mit etwas, das größer
ist als ich. So entfliehe ich Raum und Zeit und
habe hinterher das Gefühl, dass mein Bewusstsein
in gewisser Weise gereinigt wurde. Oft schließe ich
die Meditation ab, indem ich meine Gedanken und
Erlebnisse in einem Tagebuch notiere. Das Meditieren verschafft mir innere Ruhe und das Gefühl,
mit mir selbst im Einklang zu sein.

Allerdings gelingt es mir nicht, diesen Zustand für
den Rest des Tages zu bewahren. Sowie ich mit
dem Meditieren fertig bin, beschleunige ich mein

Tempo und will meist mehrere Dinge gleichzeitig erledigen – dieses Verhaltensmuster habe ich bis heute nicht durchbrechen können. Und wenn ich erst einmal mit den Aufgaben des Tages konfrontiert bin, fällt es mir schwer, zwischendurch eine Pause zu machen oder zu meditieren. So sind die Pflichten des Tages auf der einen und die Meditation auf der anderen Seite bis heute kaum zu vereinbarende Größen für mich.

Wenn ich dagegen Achtsamkeit übe, fühle ich mich hellwach und schenke meinen Gedanken sowie meiner Umgebung volle Konzentration. Ich betrachte die Dinge, ohne sie dahingehend zu beurteilen, ob sie in meinen Augen gut oder schlecht, erwünscht oder unerwünscht sind. Und statt Musik zu hören, folge ich den Achtsamkeitsübungen auf meinem iPod. Die Übungen dienen dazu, mein achtsames Bewusstsein, das mich durch den Tag begleitet, zu trainieren. Achtsamkeit an sich ist wie gesagt weit mehr als bloß die Übungen: nämlich ein Lebensstil und ein Weg, sich die Dinge jederzeit bewusst zu machen und im Augenblick gegenwärtig zu sein.

Ich praktiziere sowohl Achtsamkeit als auch Meditation. Das eine durch das andere zu ergänzen ist für mich von großer Bedeutung, weil ich dazu neige, mich nicht nur in den angenehmen Empfindungen während der Meditation zu verlieren, sondern auch in der Anspannung und dem Stress, die der Alltag mit sich bringt.

Früher fiel es mir extrem schwer, mich während der Arbeit zu Pausen zu zwingen. Obwohl ich spürte, dass ich ruhebedürftig war, machte ich einfach weiter, konzentrierte mich auf mein Ziel und wollte unbedingt fertig werden. Meine eigenen Bedürfnisse stellte ich hintenan. Jetzt hilft mir das Achtsamkeitstraining dabei, zwischendurch innezuhalten, loszulassen und im Augenblick zu sein. Ich werde mir meiner Bedürfnisse bewusst, meiner Grenzen und der kleinen Signale meines Körpers, die mir anzeigen, dass ich mich meiner Belastungsgrenze nähere. Das verschafft mir die Freiheit, rechtzeitig bewusst gegenzusteuern.

Selbstfürsorge

Dass sich hochsensible Menschen oft überstimuliert und erschöpft fühlen, hängt nicht selten damit zusammen, dass es ihnen an der Fähigkeit mangelt, gut für sich selbst zu sorgen: das heißt, das eigene Wohlergehen an die erste Stelle zu setzen, gesunde Grenzen zu wahren, den eigenen Werten und Bedürfnissen Rechnung zu tragen.

Menschen mit stark sensitiver Veranlagung sind empfindsamer als die meisten anderen. Sie spüren, wie es ihren Mitmenschen geht, und haben äußerst sensible Antennen für deren emotionale Befindlichkeit. Mit negativen Gefühlen und Stimmungen haben sie prinzipiell Schwierigkeiten. Deshalb neigen die meisten von ihnen dazu, eine übergroße Verantwortung für die allgemeine Stimmung und Atmosphäre zu übernehmen. Sie sind außergewöhnlich rücksichtsvoll und wollen vermeiden, dass andere miteinander in Streit geraten. Sie fühlen sich für ihre Mitmenschen verantwortlich und neigen dazu, im Interesse anderer zu denken, bevor diese es selbst tun.

Wer hochsensibel ist, dem fällt es oft schwer, anderen Menschen Wünsche abzuschlagen oder ihre Erwartungen zu enttäuschen, ohne deshalb ein schlechtes Gewissen oder Schuldgefühle zu bekommen. Dieses Ungleichgewicht prägt sich meist schon in der Kindheit aus, was vielen aber nicht bewusst ist. Im Gegenteil, sie halten dieses Verhaltensmuster für normal und glauben, dass es allen Menschen so geht. Doch spätestens mit Mitte 40 erkennen die meisten Betroffenen, dass sie nicht mehr genug Energie haben, um dieses eingefahrene Muster weiterhin aufrechtzuerhalten. Meiner Erfahrung nach führt es häufig zu großen persönlichen Problemen, wie Stress, Erschöpfungszustände und zunehmender Rückzug in sich selbst, wenn man in diesem Alter noch nicht erkannt hat, dass es so nicht weitergehen kann.

Häufig verfügen Menschen, die ausgeprägt sensitiv sind, über einen natürlichen Altruismus, das heißt, ihre Wertvorstellungen entspringen dem Wunsch, anderen Gutes zu tun und selbst ein liebevoller, empathischer und hilfsbereiter Mensch zu sein. Natürlich ist das ein schöner Wunsch, doch sollte man zuerst Verantwortung für sich selbst übernehmen. Viele fürchten, egoistisch zu erscheinen, wenn sie ihre Gewohnheiten und Verhaltensmuster ändern. Und von anderen egoistisch genannt zu werden kann sehr verletzend sein.

Ich möchte daher an dieser Stelle ganz dick unterstreichen, dass es sich nicht ausschließt, gut für sich selbst zu sorgen und ein liebevoller, einfühlsamer Mensch zu sein. Es geht lediglich darum, die richtige Balance zu finden.

Es ist eine sehr positive Eigenschaft, aus Liebe Verantwortung zu übernehmen. *Doch wer Verantwortung für andere übernimmt, der nimmt ihnen auch Freiheit und Selbstbestimmung ab.* Es ist nicht klug, sich stets vor allem dafür einzusetzen, dass es anderen gut geht, und auf die Dauer beeinträchtigt es die eigene Freude und Lebensqualität.

Es ist durchaus möglich, anderen Menschen gegenüber verständnis- und liebevoll zu sein, ohne darauf zu verzichten, den eigenen Standpunkt zu vertreten. Sie müssen auch nicht fehlerfrei oder perfekt sein. Falls Sie dies von sich erwarten, werden Sie für den Rest Ihres Lebens unglücklich sein. Achtsamkeit hilft Ihnen dabei, Selbstfürsorge zu entwickeln, und verschafft Ihnen die Möglichkeit, rechtzeitig zu bemerken, wenn Sie beginnen, sich unwohl zu fühlen. Dann können Sie innehalten und dem Impuls widerstehen, automatisch zu handeln.

Die eigenen Grenzen achten

Für hochsensible Menschen ist es besonders wichtig, die eigenen Grenzen zu kennen. Viele von ihnen haben diese jahrelang verleugnet, um die gute Stimmung in ihrem Umfeld zu bewahren und negative emotionale Reaktionen anderer zu vermeiden. Hochsensible haben oft größte Schwierigkeiten, mit Enttäuschung, Zorn, Kritik, Geringschätzung, Uneinigkeit und dem Schweigen ihrer Mitmenschen umzugehen. Sie können es ganz einfach nicht ertragen, wenn andere mit ihnen unzufrieden sind. Für manche von ihnen ist es schier unerträglich, die Spannung auszuhalten, die entsteht, wenn man sich die Meinung sagt oder seine Wünsche und Bedürfnisse unmissverständlich zum Ausdruck bringt. Dann fragen sie sich, ob man so etwas überhaupt tun darf und ob so ein Verhalten nicht ausgesprochen egoistisch ist.

Sie sind weder für die Gefühle anderer Leute noch für die Stimmungen verantwortlich, die dadurch entstehen. Es ist jedermanns eigene Entscheidung, enttäuscht, verärgert oder traurig zu sein. Wie andere reagieren, liegt nicht in Ihrer Verantwortung. Niemals. Verantwortlich sind Sie einzig und allein für sich selbst und Ihr Verhalten gegenüber anderen. Ihre Aufgabe ist es, ehrlich und freundlich mit sich zu sein, sich selbst zuzuhören und Ihre eigenen Bedürfnisse nicht zu verleugnen.

Achten Sie darauf, inwieweit Sie selbst ungute Stimmungen erzeugen, indem Sie Ihre Träume, Wünsche und Grenzen unter den Teppich kehren – womöglich weil Sie anderen die Verantwortung dafür zuschieben.

Es ist einfacher, die eigenen Grenzen zu erkennen, wenn man weiß, was man will. Wenn man sich über die eigenen Wertvorstellungen und ihre Bedeutung für sich selbst im Klaren ist. Wer nicht weiß, was ihm im Leben wichtig ist, treibt ziellos umher, verhält sich unklar und unsicher.

Die Klärung der eigenen Werte ist ein herausragendes Werkzeug, mit dem wir im Coaching arbeiten. Denn es hilft Ihnen zu erkennen, wer Sie sind und was Sie wollen. Dadurch fällt es Ihnen leichter, bewusste Entscheidungen zu treffen und die richtigen Prioritäten zu setzen. Ein solches Gespräch zur Werte-Klärung dauert in der Regel zwei bis drei Stunden – und ist hochinteressant, weil es oft eine überraschende Wendung nimmt.

Wenn ich von Werten rede, meine ich keine Dinge, wie etwa ein Haus, einen Job oder ein neues Paar Schuhe. Ich meine damit den *emotionalen Zustand*, der entsteht, wenn Sie sich über Ihre eigenen Wünsche im Klaren sind und dementsprechend handeln. Beispiele für solche Werte sind Freude, innere Ruhe, Ausgeglichenheit, Freiheit, Gesundheit, Sicherheit, Geborgenheit, Veränderung, Entwicklung, Anerkennung, Herausforderung, Zusammengehörigkeit, Erfolg, Leidenschaft, Begeisterung, Energie, Liebe, Mitgefühl, Frieden.

Nicht alles persönlich nehmen

Hochsensible Menschen sorgen sich in besonderem Maß darum, was andere von ihnen denken und halten. Das hat sicherlich damit zu tun, dass sie für die Stimmungen anderer Menschen so sensible Antennen haben.

Fürchten wir die Meinung anderer, kann uns dies jedoch hemmen und davon abhalten, so zu sein, wie wir sind. Es kann auch dazu führen, dass wir hilfsbereiter, geduldiger und verständnisvoller sind, als dies unser Energiehaushalt eigentlich zulässt.

Ich bin davon überzeugt, dass Hochsensible differenzierter erspüren, was in anderen vorgeht. Doch sollte man sich davor hüten, allem, was man hört, sieht und erlebt, eine Bedeutung zuzumessen. Vor allem Menschen, die besonders sensitiv sind, neigen dazu, die Reaktionen ihrer Mitmenschen »zu wichtig« zu nehmen. Als hätte alles, was um sie herum geschieht, mit ihnen selbst zu tun. Das kann zu Schuldgefühlen und schlechtem Gewissen führen.

Für Ihr Wohlgefühl ist es von entscheidender Bedeutung, dass Sie nicht immer alles persönlich nehmen. Sie können es nicht allen recht machen und es müssen Sie nicht alle für großartig und fehlerfrei halten. Etwas weniger tut es auch! Wichtiger ist es zu trainieren, die Dinge realistisch einzuschätzen: Was genau registriere ich da gerade? Dazu ein Beispiel: Sagen wir, Ihr Chef ist heute ungewöhnlich schweigsam und in sich gekehrt. In Ordnung, das ist die Realität. Falls Sie nun aber glauben, er sei schlecht gelaunt, weil Sie heute zwei Minuten zu spät gekommen sind oder um einen freien Tag gebeten haben, dann ist das Ihre Interpretation dieser Realität. Es ist das, was Sie aus dieser Situation machen – wobei Sie sich höchstwahrscheinlich irren.

Sie können letztlich nicht wissen, ob Sie recht haben. Doch wenn Sie lernen, gewisse Verhaltensmuster bei sich selbst zu durchschauen, werden Sie erkennen, dass Sie vermutlich unrecht haben.

Gestatten Sie mir an dieser Stelle eine Wiederholung: Ihre Wirklichkeit ist das, was Sie denken. Und Ihre Gedanken sind nur Ihre *Interpretation* der Realität. Aber sie sind von entscheidender Bedeutung für Ihre Gefühle, Ihr Verhalten, Ihre Reaktionen und somit für Ihre Lebensqualität.

Ihre Wirklichkeit mag darin bestehen, dass Ihr Chef wortkarg und in sich gekehrt ist, weil Sie zwei Minuten zu spät kamen oder um einen freien Tag gebeten haben. Dagegen besteht die Wirklichkeit Ihres Chefs womöglich darin, dass er gestern erst spät ins Bett gekommen ist oder sich mit seiner Frau oder seinen Kindern gestritten hat. Vielleicht hat er auch Rückenschmerzen, wer weiß. Es gibt Hunderte von Erklärungen, *die nichts mit Ihnen zu tun haben!*

Die Wahrheit ist, dass Sie nicht wissen können, was andere Menschen denken. Wenn Sie das Verhalten einer Person in Ihrer Nähe sehr beschäftigt, dann sollten Sie es mit einer direkten Frage versuchen, zum Beispiel: »Sie wirken so still heute, hat das etwas mit mir zu tun?« Für diese Frage brauchen Sie sich weder zu entschuldigen noch sie mit Ihrer ausgeprägten Sensitivität zu erklären, sie ist absolut legitim. Sie werden erleben, dass die meisten Menschen sich über Ihre Vermutung wundern werden, ihre Stimmung könne etwas mit Ihnen zu tun haben.

Probieren Sie es einfach aus, wenn Sie Zweifel haben. Finden Sie Sicherheit in sich selbst, und hören Sie auf, alles wichtig und persönlich zu nehmen. Denken Sie auch daran, dass Sie es nicht vermeiden können, andere ebenfalls hin und wieder zu irritieren oder zu verärgern. Ziehen Sie Lehren daraus, doch lassen Sie sich nicht davon abhalten, die Person zu sein, die Sie sein wollen.

Lernen Sie, mehr Dinge mit einem Achselzucken hinzunehmen. Ich habe die Erfahrung gemacht, dass meine Furcht vor dem Urteil anderer Menschen abgenommen hat, nachdem ich selbst damit aufgehört habe, andere zu beurteilen. Vielleicht ist die Erklärung wirklich so einfach: Solange wir dazu neigen, andere Menschen zu bewerten, fürchten auch wir, bewertet zu werden. Würde es Ihnen gefallen, wenn andere so über Sie dächten, wie Sie über diese Menschen denken? Lautet die Antwort

Nein, dann sollten Sie schleunigst damit aufhören, Negatives über andere zu denken und zu äußern.

Kreativität und die Lösung von Problemen entstehen in der Stille.
Eckhart Tolle

Innere Stille finden

Gerade hochsensible Menschen mit ihrer Tendenz zum Überreiztsein haben oft ein großes Bedürfnis nach innerer Stille. Ein Grund mehr, warum ihnen das Praktizieren von Achtsamkeit guttun kann. Denn Gegenwärtigkeit ist eine Form der Intelligenz, die aus der Stille kommt – eine Art Weisheit des Herzens, die nach Freundlichkeit und Harmonie strebt. Wenn wir still werden, gehen wir hinter die Gedanken. Nirgendwo lösen sich Probleme besser als in der Stille.

Ruhe ist nützlich, doch man braucht sie nicht, um die Stille zu entdecken. Selbst im Lärm des Alltags können wir uns der Stille jenseits davon bewusst sein. Dies geschieht, wenn wir den Widerstand gegen das Hintergrundrauschen aufgeben und seine Existenz akzeptieren. Wenn wir darauf verzichten,

Geräusche als erwünscht oder unerwünscht, als gut oder schlecht zu beurteilen.

Achten Sie auf den »leeren Raum« zwischen zwei Gedanken, zwischen den Wörtern eines Satzes im Gespräch oder den Tönen eines Instruments. Zwischen Ein- und Ausatmen.

Wer die Verbindung zur inneren Stille verliert, verliert sich selbst. Es geht darum, innerlich still zu werden. Und das gelingt nur, wenn Sie diesen Augenblick – egal, wie er ist – voll und ganz akzeptieren. Lernen Sie dabei von der Natur. Betrachten Sie die Bäume, Blumen und sonstigen Pflanzen. Erleben Sie, wie still die Natur ist. Sie wächst, blüht und stirbt ab, ohne großes Aufhebens von sich zu machen. Wer die Stille der Natur betrachtet, wird selbst still.

ÜBUNG

Mit dem Atem still werden

Schließen Sie die Augen, konzentrieren Sie sich auf Ihren Atem und lassen Sie Ihren Körper still werden. Achten Sie auf die kurze Pause zwischen dem Ein- und dem Ausatmen. Ändern Sie nichts, beobachten Sie nur Ihre nächsten fünf Atemzüge.

Lächeln macht glücklich – uns und andere

Lächeln stellt zwischenmenschlichen Kontakt her. Alle freuen sich daran – Sie selbst und die anderen. Selbst die teuersten Geschenke können unseren Lieben nicht so viel Freude schenken wie unsere Präsenz, unsere Zuwendung und unser Lächeln.

Und um sein Lächeln wiederzugewinnen, reichen schon ein paar bewusste Atemzüge.

....
ÜBUNG
....

Atmen und lächeln

Halten Sie für ein paar Momente inne und konzentrieren sich auf Ihre Atmung. Sagen Sie sich jedem Einatmen im Stillen: *Ich atme ein und beruhige meinen Körper.* Und beim Ausatmen: *Ich atme aus und lächle.*

Mit dieser einfachen Übung wird nicht nur Ihre Atmung sanfter und friedlicher, sondern Ihr ganzer Körper entspannt sich und findet zur Ruhe.

....

Eigenverantwortung

Die Welt kann hart sein, aber lassen Sie sich nicht von ihr verletzen. An dem Umstand, dass Sie überdurchschnittlich sensibel sind, können Sie nichts ändern. Doch können Sie selbst entscheiden, wie Sie mit dieser Veranlagung umgehen.

Erwarten Sie nicht, von allen verstanden zu werden. Studien zeigen, dass 20 Prozent aller Menschen eine ausgeprägt sensitive Veranlagung haben, also jeder Fünfte, dem Sie begegnen.

Das bedeutet im Umkehrschluss, dass 80 Prozent aller Menschen weniger sensibel sind als Sie, das sind vier von fünf Personen in Ihrem Umfeld, denen Ihre Disposition relativ fremd ist. Da es schon ein ausgeprägtes psychologisches Interesse braucht, um sich für Veranlagungen zu interessieren, die man selbst nicht teilt, müssen Sie sich also darauf einstellen, dass bei Weitem nicht jeder Verständnis für Sie aufbringen und daran interessiert sein wird, etwas über Ihre Sensitivität und Empfindsamkeit zu erfahren.

Hoffen Sie nicht darauf, dass Ihr Partner, Ihre Familie, Ihre Kollegen oder Ihr Arzt Sie verstehen und sich über Ihre Bedürfnisse im Klaren sind. Darauf werden Sie möglicherweise vergeblich warten.

Andere Menschen kennen Ihre Bedürfnisse nicht und sind für diese auch nicht verantwortlich. Sie müssen schon selbst dafür sorgen, sich Ihren Alltag so einzurichten, dass Ihr Nervensystem gut funktioniert. Mithilfe von Achtsamkeitspraxis werden Sie schneller und leichter auf Ihren jeweiligen Zustand und Ihre Bedürfnisse aufmerksam, und dann liegt es an Ihnen, Ihr Leben so zu gestalten, dass es Ihnen gut geht.

Sagen, was man braucht

Andere wissen nicht, wie es Ihnen geht und was gut für Sie ist. Sie allein sind es, der/die dies weiß und ausdrücken kann. Überlegen Sie sich ein paar Standardsätze, die Ihnen leicht über die Lippen gehen und die Sie in Situationen sagen können, in denen Überforderung droht. Zum Beispiel:

- Das funktioniert bei mir nicht.
- Jetzt ist es genug.
- Ich möchte eine kurze Pause machen.
- Es geht mir besser, wenn ich die Pause draußen verbringe.
- Ich werde Ihnen bald antworten.
- Könnten Sie mir Ihren Vorschlag noch einmal per E-Mail schicken?
- Ich kann mich besser darauf einstellen, wenn …

Kennen Sie das Gefühl, zwei Personen im selben Körper zu sein, die sich uneinig sind? Die eine will eine Pause, die andere lieber weitermachen. Die eine möchte früh ins Bett, die andere noch aufbleiben. Um Ihr inneres Gleichgewicht nicht zu gefährden, sollten Sie dafür sorgen, dass beide Personen ausreichend Aufmerksamkeit bekommen und ihre Bedürfnisse befriedigt werden. Es geht um das richtige Maß an Stimulation: Bei zu wenig langweilen Sie sich, ein Zuviel dagegen stresst Sie.

Das Herz öffnen

Hochsensible sind Herzensmenschen. Was nicht bedeutet, dass Ihnen allein die Liebe vorbehalten ist. Freude, Liebe und Begeisterung spielen im Leben der allermeisten Menschen eine zentrale Rolle. Weil Menschen mit hoher Sensitivität aber sehr feine Antennen für die Atmosphäre in zwischenmenschlichen Beziehungen haben, wünschen sie sich meist zutiefst, dass diese von Liebe, Freundschaft und Harmonie getragen werden.

Die Liebe ist eine Herzensangelegenheit. Doch nur den wenigsten Menschen ist die Empfindsamkeit des Herzens bewusst. Dabei identifizieren wir uns so sehr mit ihm, dass wir von uns selbst sprechen, wenn wir das Herz meinen. Wenn das Herz offen ist, sagen wir: *Ich bin verliebt/begeistert.* Wenn wir etwas nicht mögen, schließt sich unser Herz und wir sagen: *Ich bin traurig/verletzt.* Wenn das Herz schmerzt, heißt es: *Ich mache mir Sorgen/bin zornig.* Und wenn wir unser Herz nicht mehr spüren und nicht auf uns selbst hören: *Ich bin einsam/fühle mich leer.*

Ein verschlossenes Herz ist furchtsam und hat Angst. Ein hartes, zorniges Herz kommentiert und kritisiert. Ein offenes Herz sieht selbst in den kleinsten Dingen Schönheit und Liebe.

Unser Herz öffnet und schließt sich, je nachdem, was wir erleben, was wir denken und fühlen. Dies geschieht mehrmals am Tag, ohne dass wir uns dessen bewusst sind. Die vielen kleinen Stimmungsschwankungen, die tagein, tagaus in unserem Herzen geschehen, steuern unser Leben, sind für unser Wohlbefinden verantwortlich und entscheiden darüber, wie wir uns zu dem verhalten, was um uns herum geschieht.

Je feiner und subtiler diese Schwankungen sind, desto stärker beeinflussen sie uns. Nur ein aufmerksamer und gegenwärtiger Mensch ist in der Lage, im Hier und Jetzt zu leben, ohne sein inneres Gleichgewicht davon beeinträchtigen zu lassen.

Doch die meisten von uns lassen es zu, dass unser innerer Zustand von äußeren Begebenheiten, unseren Gedanken und Erwartungen gesteuert wird. Stellen Sie sich vor, wie es wäre, Ihren Alltag zu leben, ohne sich von diesen Dingen negativ beeinflussen zu lassen.

Herz und Lebensenergie

Keine äußeren Einflüsse können Ihnen das geben, was Sie wirklich brauchen, wenn Sie nicht in der Lage sind, Ihr Herz offen zu halten und Ihre Energie frei fließen zu lassen. Lassen Sie uns daher einen genaueren Blick auf die Energie werfen, die ich meine.

Wir sollten uns der Tatsache bewusst sein, dass wir alle von einer unbegrenzten Menge an Energie durchströmt werden. Einer Energie, die uns stets zur Verfügung steht, auch wenn wir sie nicht immer spüren. Sie ist unabhängig von unserem Alter oder davon, wie viel wir schlafen, was wir essen und wie häufig oder intensiv wir uns bewegen. Auch unser Sozialstatus oder unsere Lebensumstände spielen dabei keine Rolle. Im Gegenteil, diese Energie kann sich zu jeder Zeit, an jedem Ort in uns entfalten, egal, wie wir uns gerade fühlen.

Lassen Sie mich Ihnen ein Beispiel geben: Stellen

Sie sich einen Tag vor, an dem es Ihnen nicht gut geht. Sie fühlen sich schlapp, sind schlecht gelaunt, können sich zu nichts aufraffen. Und Sie tun das, was Sie in solchen Situationen immer tun – vielleicht legen Sie sich aufs Sofa oder gehen gleich ins Bett, starren aus dem Fenster, essen Schokolade, bemitleiden sich. Plötzlich ruft Ihr bester Freund oder Ihre beste Freundin an und lädt Sie zu einer tollen Party ein, will mit Ihnen ins Kino oder in ein Restaurant gehen, ein Konzert oder eine Ausstellung besuchen. Sie springen auf und sind plötzlich von großer Freude erfüllt. Im Nu sind Sie bereit und spüren, dass Sie von einer starken Energie durchströmt werden. Dass Sie womöglich in der Nacht zuvor schlecht geschlafen, sich in letzter Zeit schlecht ernährt oder zu wenig bewegt haben, spielt in diesem Moment keine Rolle mehr.

Die spirituelle Energie ist diejenige,
die wir spüren, wenn die Liebe
in unser Herz strömt.
Michael A. Singer

Wir alle kennen das Gefühl, in bestimmten Situationen von dieser Energie durchdrungen zu werden. Dann fühlen wir uns lebendig, offen und stark. Bis irgendwann ein unangenehmer Gedanke auftaucht oder jemand etwas sagt, das uns nicht gefällt und uns mit Zorn, Furcht oder Irritation erfüllt. Dann schließt sich unser Herz und wir ziehen uns in uns zurück.

Dieser Vorgang des Öffnens und Schließens unseres Herzens – und der damit einhergehenden Veränderung unseres Energielevels – geschieht in der Regel mehrmals am Tag, auch wenn wir uns dessen oftmals gar nicht bewusst sind. Und es ist eine normale menschliche Verhaltensweise, sich in sich zurückzuziehen, wenn diese Energie blockiert ist.

Was genau ist das nun für eine Energie? Je nach Kulturkreis trägt sie verschiedene Namen. In der chinesischen Heilkunst bezeichnet man sie als Chi, in Indien spricht man vom Prana, im Yoga heißt sie Shakti, und die christliche Tradition bezeichnet sie als Geist. Man kann natürlich auch von spiritueller Energie oder von Liebe reden. Letztendlich kann man sie nennen, wie man will. Das ist nicht entscheidend.

Unser Körper besitzt sieben Energiezentren, die auch als Chakren bezeichnet werden. Ihre Funktion besteht darin, die Energie in uns lebendig und im Fluss zu halten. Die Energie strömt, konzentriert und verteilt sich durch das Herzchakra. Indem wir unser Herz öffnen und schließen, öffnen oder verschließen wir uns auch der Energie, die durch uns hindurchfließt, was sich in unseren Gedanken, Gefühlen, in unserem gesamten Wohlbefinden widerspiegelt.

Dabei ist die Energie immer da, auch wenn wir gerade unser Herz verschlossen haben und sie damit am freien Fließen hindern. Dann empfinden wir beispielsweise Trauer, Furcht, Irritation, Zorn oder Einsamkeit. Vielleicht fühlen wir uns auch deprimiert und isoliert und sehnen uns danach, wieder im Einklang mit uns selbst zu sein.

Ein offenes Herz dagegen verschafft uns ein Gefühl von Leichtigkeit und Lebendigkeit. Wir spüren Freude, Liebe, Intuition und Begeisterung, fühlen uns gegenwärtig und energiegeladen.

Auf diese Weise tragen wir alle den Keim sowohl zu Hass, Angst, Gewalt und Zorn in uns, als auch den zu innerem Frieden, Freude, Mitgefühl und Liebe. Geben wir dem Samen von Hass, Angst, Gewalt und Zorn Nahrung, wächst er und wird stärker, wodurch es uns unmöglich wird, glücklich zu sein. Doch wenn wir wissen, wie wir den Samen von innerem Frieden, Freude, Mitgefühl und Liebe nähren können, können wir diese zu den bestimmenden Faktoren in unserem Leben machen.

Wenn das Herz sich schließt

Wir kommen in diese Welt als kleine offene Wesen, die von Energie durchströmt werden. Deshalb sind Babys so etwas Wunderbares. Sie haben noch nicht gelernt, sich zu verschließen. Ihre Herzen sind immer geöffnet. So war es bei uns allen. Daher kennt auch jeder von uns das Gefühl, offen zu sein, weil dies unser natürlicher Zustand ist.

Doch leider lernen wir schon recht früh in unserer Kindheit, uns zu verschließen, und tun dies dann unbewusst ein Leben lang. Dabei gewöhnen wir uns im Laufe der Zeit so sehr an diesen Zustand, dass er uns irgendwann ganz natürlich vorkommt.

Besonders in Situationen, in denen wir überstimuliert, nervös, irritiert oder ängstlich sind, neigen wir dazu, unser Herz zu schließen, den Energiestrom zu unterbrechen und uns einzuigeln. Doch leider bietet das nicht den geringsten Schutz, im Gegenteil. Am besten können wir uns vor Überstimulation und einem inneren Ungleichgewicht schützen, indem wir unser Herz offen und die Energie frei fließen lassen – auch wenn uns dies schwierig erscheint und wir uns dabei verletzlich fühlen.

Mithilfe von Achtsamkeitspraxis lernen Sie, diese inneren Schwankungen bewusst wahrzunehmen. Sie werden verblüfft sein, wie häufig sie sind und wie wenig dazugehört, dass sie auftreten.

Wenn wir unser Herz verschließen, hat dies oft damit zu tun, dass wir, meist ohne es zu merken, gerade an etwas Bestimmtes erinnert werden. Das kann ein konkretes Ereignis sein, doch auch ein Geruch oder der Tonfall einer Stimme, die unangenehme Erinnerungen heraufbeschwören, können dazu führen, dass wir uns innerlich abschotten und damit den Energiefluss unterbrechen. Dies kann ebenfalls geschehen, wenn wir neuen Menschen begegnen, bestimmten Erwartungen, Forderungen und Kritik ausgesetzt sind, unsere Meinung artikulieren, Bedürfnisse zum Ausdruck bringen oder Grenzen setzen sollen.

Ich selbst zum Beispiel verschloss früher immer dann mein Herz und zog mich zurück, wenn ich hörte, dass mein Name in einem ganz bestimmten Tonfall ausgesprochen wurde. Die Urheberin dieses Reaktionsmusters war meine Klassenlehrerin in der Grundschule. Ich bekam jedes Mal regelrechte Panikattacken, wenn sie mit scharfer Stimme sagte: »*Susanne, das war mal wieder eine kata-*

strophale und erbärmliche Leistung!« Diese Frau hatte kein Gefühl dafür, dass ich es damals einfach nicht besser konnte. Bis weit ins Erwachsenenalter hinein reagierte mein Herz automatisch in ähnlichen Situationen. Paradoxerweise machte mich meine Klassenlehrerin regelmäßig zur Schnecke, weil meine Aufsätze nicht ihren Erwartungen entsprachen. Inzwischen habe ich sieben Bücher geschrieben.

In welchen Situationen schließt sich Ihr Herz? Wenn jemand zu spät zu einer Verabredung kommt? Wenn Sie die Erwartungen anderer enttäuschen? Wenn jemand etwas sagt, das Ihnen nicht behagt, womöglich in einem unfreundlichen Tonfall? Wenn Sie spüren, dass jemand Sie nicht mag? Oder vielleicht, wenn jemand zu dicht auf Ihr Auto auffährt?

Und was genau geschieht, wenn Ihr Herz zumacht? Werden Sie nervös und hektisch in Ihren Bewegungen? Verstummen Sie und ziehen sich zurück oder wenden Sie sich aggressiv nach außen? Werden Sie ironisch und behandeln Ihr Gegenüber von oben herab, während Sie gleichzeitig lächeln und nach außen hin gute Miene zum bösen Spiel machen?

Verschlossenes Herz

 Nehmen Sie sich etwas Zeit zur Reflexion und wenn
Sie mögen, notieren Sie Ihre Antworten in einem Heft.

In welchen Situationen verschließt sich Ihr Herz?

Was fühlen Sie dann?

Welche Gedanken haben Sie dabei?

Was tun Sie, wie reagieren Sie auf das Schließen
Ihres Herzens?

....

Das Herz offen halten

Vermutlich schließt sich Ihr Herz mehrmals täglich
ganz automatisch und unwillkürlich, sofern Sie
nicht fest dazu entschlossen sind und etwas dafür
tun, es jederzeit geöffnet zu lassen.

Zum Beispiel können Sie Ihr Herz offen halten, indem Sie sich bewusst dafür entscheiden, es nicht zu
verschließen. Diesen Entschluss können Sie jetzt in
diesem Moment fassen. Um ihn umzusetzen, ist
nicht nur Ihre Achtsamkeit, sondern auch Ihr Wille

erforderlich. Sie müssen es wirklich *wollen*. Ihr Wille, Ihr Herz offen zu halten, ist stärker als Ihre Gewohnheit, es zu schließen.

Üben Sie dies regelmäßig, aber erwarten Sie nicht, auf Anhieb und jedes Mal erfolgreich zu sein. Das wäre zu viel verlangt. Konzentrieren Sie sich auf die Situationen, in denen es gelingt. Ärgern Sie sich nicht und machen Sie sich keine Vorwürfe, falls sich Ihr Herz doch einmal schließt. Das wird immer und immer wieder passieren. Betrachten Sie sich auch dann mit Akzeptanz, Geduld und Freundlichkeit.

Es ist bereits ein Erfolg, wenn Sie merken, dass es sich schließt. Und wenn Sie sich dessen bewusst sind, wird es Ihnen auch schneller gelingen, Ihr Herz wieder zu öffnen und die Energie erneut fließen zu lassen. Wenn Sie dies im Kleinen trainieren, werden Sie bald auch in der Lage sein, Ihr Herz in Situationen zu öffnen, in denen große Gefühle beteiligt sind.

Üben Sie, den Situationen, in denen sich Ihr Herz schließt, volle Aufmerksamkeit zu widmen. Halten Sie dann inne und widerstehen Sie dem Drang, zuzumachen. Konzentrieren Sie sich ganz auf Ihre Atmung: einatmen und ausatmen. Lassen Sie dabei bewusst die Energie durch Ihr offenes Herz strömen.

Das Herz spüren

Schließen Sie für einen Moment die Augen und konzentrieren Sie sich auf Ihr Herz. Spüren Sie, dass Ihr Herz geöffnet ist und wie die Energie hindurchströmt?

Wenn Sie es nicht gleich spüren, dann stellen Sie sich einfach bildlich vor, es sei weit offen und werde von Energie durchflossen. Sagen Sie im Stillen zu sich: *In diesem Augenblick, ganz gleich, wo ich bin, und ganz gleich, was gerade geschieht, strömt die Energie ungehindert durch mein offenes Herz. Ich atme ein. Ich atme aus.* Wiederholen Sie dies, sooft Sie mögen. Seien Sie dabei geduldig mit sich und offen für das, was geschieht.

···

Selbstwertgefühl

Wenn ich Kurse und Vorträge halte, Coaching-Gespräche mit hochsensiblen Menschen führe oder die vielen Mails lese, die ich von Betroffenen erhalte, erfahre ich immer wieder das Gleiche: Viele Menschen mit hochsensitiver Veranlagung leiden unter Minderwertigkeitsgefühlen oder gar Selbsthass und haben eine große Sehnsucht danach, sich selbst mehr wertschätzen zu können. Falls es auch Ihnen so geht, sollten Sie wissen, dass Sie damit ganz und gar nicht allein sind.

Ich wünschte, ich hätte einen Zauberstab und könnte Ihnen mit einer raschen Bewegung – Simsalabim – zu einem guten und soliden Selbstwertgefühl verhelfen. Mit Freuden würde ich es tun. Doch leider kann ich das nicht.

Das Selbstwertgefühl ist keine statische Größe, die sich automatisch ergibt. Tatsächlich ist ein gutes Selbstwertgefühl etwas sehr Persönliches, das ein Leben lang genährt und gepflegt werden will. Unter anderem hängt es auch davon ab, inwieweit wir den Mut finden, uns zu dem Menschen zu entwickeln, der wir sein wollen.

Haben Sie sich schon einmal überlegt, was ein intaktes Selbstwertgefühl für Sie bedeutet? Genau darin besteht der erste Schritt, um es zu erreichen. Außerdem erfordert es Mut, denn eine gesunde Selbstachtung hat Konsequenzen und verpflichtet. Was würden Sie beispielsweise tun, wenn Sie ein gutes Selbstwertgefühl hätten? Worüber würden Sie mit anderen reden und was würden Sie über sich selbst erzählen? Wie würden Sie sich geben, was würden Sie tun und wie sähe Ihr Leben aus? Wollen Sie sich wirklich trauen, Sie selbst zu sein und Ihre Träume zu verwirklichen? Sind Sie sicher, dass Sie auf die Konsequenzen eingestellt und bereit sind, altgediente Gewohnheiten und Verhaltensmuster zu ändern?

Könnte es nicht auch sein, dass Ihnen Ihr geringes Selbstwertgefühl in Wahrheit Sicherheit gibt, auch wenn es um den Preis geschieht, dass Sie sich selbst sabotieren?

Viele hochsensible Menschen haben ein ausgeprägtes Bedürfnis nach Anerkennung durch andere – die Familie, den Chef, Freunde und Kollegen. Doch in der Regel sind sie sich nicht darüber im Klaren, was es braucht, um sich diese Anerkennung nach eigenem Empfinden auch zu *verdienen*.

Alle Menschen wachsen und entwickeln sich am besten, wenn sie Anerkennung erfahren. Doch meiner Überzeugung nach geht es dabei nicht nur um die Anerkennung, die von außen kommt. In weitaus höherem Maß streben wir nach dem Gefühl, Anerkennung zu verdienen, ihrer würdig zu sein. Sich des eigenen Werts bewusst zu sein und das Beste zu tun, um dem selbst gesetzten Maßstab und den eigenen Erwartungen zu entsprechen.

Mir gefällt das Wort Würde. Schon beim Gedanken daran streckt man unwillkürlich den Rücken und bekommt das Gefühl, etwas davon auszustrahlen.

Ausgeprägt sensitive Menschen haben oft viel zu hohe Erwartungen an sich selbst, wollen möglichst fehlerfrei, am besten perfekt sein. Sie haben kein Gefühl dafür entwickelt, dass es auch »etwas weniger« täte. Das ist in etwa so, als würde man einen Marathon laufen, aber nie ans Ziel kommen, weil man ganz einfach nicht weiß, ab welchem Punkt die geforderte Leistung wirklich erbracht ist, wann es genug und die Ziellinie erreicht ist.

Die meisten Hochsensiblen unterschätzen ihre eigenen Qualitäten, die anerkennenswert sind. Stattdessen vergleichen sie sich mit anderen und haben das Gefühl, dabei schlecht abzuschneiden. Sie fühlen sich gewogen und für zu leicht befunden. Es ist für Ihr Selbstwertgefühl von entscheidender Bedeutung, dass Sie in der Lage sind, sich für das wertzuschätzen, was Sie tun und können. Wenn Sie sich selbst nicht würdigen, prallt auch die Wertschätzung anderer an Ihnen ab, weil Sie ihr nicht trauen.

Betrachten Sie sich zunächst genau so, wie Sie in diesem Augenblick sind – mit Akzeptanz, Geduld und Freundlichkeit, ohne sich zu beurteilen und ohne den Wunsch, anders zu sein. Das ist der beste Ausgangspunkt für jede Weiterentwicklung. Dieses Grundprinzip der Achtsamkeit stärkt unser Selbstwertgefühl.

Ich möchte an dieser Stelle aus Louise Hays zeitlosem und wunderbarem Buch *Gesundheit für Körper und Seele* zitieren: »Die Natur wiederholt sich nie. Seit Beginn dieser Welt hat es noch nie zwei identische Regentropfen oder Schneeflocken gegeben. Kein Gänseblümchen gleicht dem anderen ganz und gar. Wir sind so verschieden wie unsere Fingerabdrücke. Es ist dieser Unterschied, der allem einen Sinn gibt. Wenn wir uns dessen bewusst werden, brauchen wir uns nie wieder mit anderen zu vergleichen und mit ihnen zu konkurrieren. Der Versuch, anderen zu gleichen, lässt unsere Seele schrumpfen. Wir sind auf diesen Planeten gekommen, um uns als diejenigen zu entfalten, die wir sind. Ich wusste nicht, wer ich war, ehe ich lernte, mich selbst als diejenige zu lieben, die ich in jedem Augenblick bin.«

Selbstliebe beginnt damit,
sich niemals selbst für irgendetwas
zu kritisieren.
Louise Hay

Was nährt und was zehrt

Als Mensch mit einer Veranlagung zu besonderer Sensitivität nehmen Sie Stimuli und Stimmungen intensiver auf und verarbeiten Sie nuancierter als die meisten anderen. Das bedeutet natürlich auch, dass Sie angenehme Erlebnisse stärker empfinden und Ihnen harmonische Stimmungen und wohltuende Sinneseindrücke eine besonders große und nachhaltige Freude bereiten. Studien zeigen, dass hochsensible Menschen überdurchschnittlich große Chancen haben, ihr persönliches Glück zu finden, sofern es ihnen gelingt, ihre Empfindsamkeit zu schützen. Das gelingt, indem Sie bewusst alles tun, was Ihr Nervensystem optimal funktionieren lässt, zum Beispiel gute nährende Gewohnheiten annehmen und pflegen – ganz gleich, was andere Menschen davon halten, was sie von Ihnen erwarten oder über Sie denken.

Wovon sich unsere empfindsame Seele nährt und was an ihr zehrt, ist individuell verschieden. Vermutlich werden Sie zudem feststellen, dass es auch Dinge gibt, die gleichermaßen Kraft geben als auch kosten, beispielsweise die Beziehung zu Ihrem Partner.

Sie können nicht alle Situationen und Beziehungen

meiden, die Sie übermäßig viel Energie kosten. Doch wenn Ihnen bewusst ist, welche das sind, sind Sie in der Lage, der damit einhergehenden Überstimulation vorzubeugen oder sich besser darauf einzustellen.

Beispiele für Dinge, die uns im Alltag oftmals unnötig viel Kraft kosten, sind:

Lärm im Allgemeinen, aber auch plötzliche schrille Geräusche, laute Musik; intensive Gerüche; bestimmte Speisen und Getränke, die wir nicht mögen oder vertragen; zu helles Licht; kratzende Kleidung; Müdigkeit; zu viele Dinge, die gleichzeitig zu erledigen sind oder die auf einen warten; das hastige Erledigen von Aufgaben, ohne Pausen zu machen; plötzliche Störungen/Unterbrechungen; ein Übermaß an Information; Unordnung, Chaos; Kritik, Forderungen oder Erwartungen; bestimmte Beziehungen; die Gegenwart anderer Menschen; zu wenig Zeit für sich selbst; Mangel an Stimulation; Minderwertigkeitsgefühle; bestimmte Gedanken und Überzeugungen.

Dagegen können die folgenden Dinge unser Wohlbefinden stärken und uns neue Energie geben:

Angenehme Berührungen, zum Beispiel eine Massage; die richtige Menge nährender Kost; erholsamer Schlaf; Bewegung; sanfte Musik; ein Wannenbad; angenehme

Düfte oder Farben; Schönheit; Ordnung; Pausen; angenehmes Licht; Struktur; Beziehungen; die Gegenwart lieber Menschen; scherzen und lachen; arbeiten; ungestörte Zeit für sich selbst; positive Gedanken und Überzeugungen; sich im eigenen natürlichen Tempo bewegen; Konzentration und Vertiefung; ein Projekt zu beenden; Kreativität und künstlerische Tätigkeit; Anerkennung zu bekommen bzw. das Gefühl, die Anerkennung verdient zu haben; ein intaktes Selbstwertgefühl; sein Leben als sinnvoll empfinden; Spiritualität; die eigenen Werte leben; Uneigennützigkeit.

Auch die Natur kann eine wichtige Quelle des Wohlbefindens sein, weil sie uns jederzeit freigebig an ihrer Kraft und Schönheit teilhaben lässt – an Sonne, Wasser und Wind, Licht, Geräuschen und Farben, an Bergen und Tälern, Tieren und Pflanzen.

Was mir guttut und was nicht

Nehmen Sie sich ein wenig Zeit und erstellen Sie eine möglichst ausführliche Liste.
Wenn Sie mögen, notieren Sie Ihre Antworten in einem Heft.

Was zehrt an mir?

Was nährt mich?

3

Die Praxis
der Achtsamkeit

Achtsamkeit fordert nichts anderes von Ihnen als Ihr Bewusstsein, Ihren Körper und den jetzigen Augenblick. Sie benötigen keinerlei Hilfsmittel und Sie können sie zu jeder Zeit und an jedem Ort praktizieren – ganz gleich, mit wem Sie zusammen sind oder was Sie gerade tun.

Um Ihre Achtsamkeit zu schulen, reichen einfache Meditations- und Atemübungen. Folgen Sie dazu beispielsweise einer geleiteten Achtsamkeitsübung von einer App, am besten ohne Musik, lediglich anhand der Stimme, die Sie durch die Übung führt. Mithilfe der Übungen trainieren Sie Ihre Fähigkeit zu erkennen, wenn Sie aus dem Gegenwärtigsein herausfallen und sich in Gedanken, Gefühlen und Handlungen verlieren, und lernen, in solchen Momenten innezuhalten und Ihre Aufmerksamkeit wieder aufs Hier und Jetzt zu richten. Letzteres wird Ihnen vermutlich leichter fallen, als die Achtsamkeit *aufrechtzuerhalten*, weil diese im Alltag automatisch und unwillkürlich immer wieder verloren geht.

Doch durch die Achtsamkeitspraxis werden Sie in die Lage versetzt, Ihre Aufmerksamkeit immer und immer wieder auf den Augenblick zu richten – mit Akzeptanz, Geduld und Freundlichkeit, ohne zu werten oder Urteile zu fällen. Je öfter Sie diese mentalen Übungen absolvieren und je vertrauter Sie mit ihnen werden, desto leichter wird es Ihnen fallen, sie im Alltag anzuwenden, sowohl bei den verschiedenen Tätigkeiten als auch im Zusammensein mit anderen Menschen. Dann wird es Ihnen ganz natürlich vorkommen, immer mal wieder kurz innezuhalten und sich auf Ihren Atem zu konzentrieren – selbst an turbulenten Tagen, wenn es chaotisch zugeht und die Gefühle hohe Wellen schlagen.

Die Erfahrung zeigt, dass täglich praktizierte Achtsamkeit schon nach kurzer Zeit einen anhaltenden positiven Effekt hat. Meine Kursteilnehmer erleben das schon nach zwei bis vier Wochen, in denen sie an fünf Tagen in der Woche jeweils zehn Minuten trainiert haben. Dadurch ist auch die Motivation zum Weitermachen groß, zumal es sich bei der Achtsamkeitspraxis um eine sehr einfache, leicht anwendbare Methode handelt.

Zehn gute Gewohnheiten für mehr Achtsamkeit im Alltag

Hier ein Vorschlag für zehn gute Gewohnheiten, mit denen Sie Ihre tägliche Achtsamkeitspraxis noch unterstützen können:

1. Eins nach dem anderen

Früher waren alle auf Multitasking aus. Vor allem viele Frauen haben es in der Fähigkeit, mehrere Dinge gleichzeitig zu tun, zur Meisterschaft gebracht – und Männer für deren mangelndes Talent dazu ausgelacht. Damit sollten wir ab sofort aufhören. Wenn Sie ein achtsames Leben führen möchten, sollten Sie lernen, eins nach dem anderen zu tun und jeder Sache Ihre volle Aufmerksamkeit zu widmen. Konzentrieren Sie sich immer nur auf das, was Sie gerade tun. Trainieren Sie diese Fähigkeit, wenn Sie essen, duschen, sich die Zähne putzen, kochen, Holz hacken, Ihre Kinder küssen, Gespräche führen, anderen zuhören, telefonieren, sich von jemandem verabschieden, die Wohnung putzen, Sport machen.

Wenn Sie etwas nicht gern tun, liegt das oftmals daran, dass Sie es nicht wirklich ganz und gar tun, dass Sie mit Ihren Gedanken eigentlich ganz woanders sind. Alles, was Sie konzentriert und in vollem Bewusstsein tun, werden Sie bis zu einem gewissen Grad auch mögen.

2. Den Dingen volle Aufmerksamkeit schenken

Die meisten hetzen von einer zur nächsten Tätigkeit, um am Ende des Tages vollkommen erschöpft zu sein. Das muss nicht so sein – auch nicht im geschäftigen Alltag.

Halten Sie inne und seien Sie gegenwärtig, indem Sie in Ruhe von einer Tätigkeit zur nächsten wechseln und dazwischen eine Achtsamkeitspause einlegen. Wenn Sie zum Beispiel Ihren Arbeitstag beenden, bleiben Sie noch für einen Moment sitzen, bevor Sie Ihren Arbeitsplatz verlassen, oder halten Sie kurz inne, wenn Sie nach Hause kommen. Oder finden Sie zum Hier und Jetzt zurück, während Sie im Bus oder im Auto sitzen. Vielleicht mögen Sie ja unterwegs auch kurz anhalten und eine Pause einlegen, sich auf eine Bank setzen und dann in Ihrem natürlichen Tempo nach Hause gehen. Finden Sie zu sich selbst zurück. Seien Sie sich immer vollkommen bewusst, wenn Sie mit einer Tätigkeit beginnen oder diese beenden. Das gilt auch, wenn das Telefon klingelt, Sie Ihre Kinder ins Bett bringen, sich hinsetzen, um zu entspannen, oder aufstehen, um etwas zu erledigen. Nehmen Sie jeden Tätigkeitswechsel achtsam wahr – auch wenn Sie es eilig und noch eine Menge Dinge zu erledigen haben. Denken Sie daran, dass jeder Augenblick, in dem Sie ganz bei sich sind, von großem Wert ist, weil er Sie mit Energie erfüllt, statt sie Ihnen zu rauben.

Wenn Sie dies täglich praktizieren, wird es rasch zur Gewohnheit. Und schon bald werden Sie eine große und positive Veränderung in Ihrem Wohlbefinden, Ihrer Laune und Ihrem Umgang mit Aufgaben und Verpflichtungen feststellen. Es lohnt sich, die nötige Selbstdisziplin aufzubringen, um diese Gewohnheit zu etablieren.

ÜBUNG

Türen öffnen und schließen

Eine gute Übung, um Ihre Fähigkeit zu trainieren, bewusst von einer Tätigkeit zur nächsten überzugehen, ist es, bewusst Türen zu öffnen und zu schließen: Ihre Wohnungstür, die Tür zu Ihrem Büro, die Eingangstür zum Kindergarten Ihrer Tochter, die Tür Ihres Autos etc. Seien Sie sich bewusst, dass Sie in diesem Moment etwas hinter sich lassen und etwas Neues beginnen. Vergegenwärtigen Sie sich, wo Sie sich gerade befinden und was Sie als Nächstes tun werden.

....

3. Wo auch immer, wann auch immer

Sie können sich immer achtsam verhalten – an jedem Ort und zu jeder Zeit. Es gibt keinerlei Grund, es nicht zu tun. Achtsamkeit braucht keine besonderen Voraussetzungen. Ganz gleich, ob Sie allein oder in Gesellschaft sind, in Ruhe oder in Bewegung, ob Sie schweigen oder sich unterhalten, sich langweilen oder überstimuliert fühlen: Es ist jederzeit möglich, Ihre Aufmerksamkeit auf Ihren Atem zu richten.

In dem Moment, in dem Sie gegenwärtig sind, unterbrechen Sie jegliche Gedankenkette und befinden sich im Hier und Jetzt. Es ist ganz einfach: Sie atmen ein, Sie atmen aus. Nur das, nichts anderes. Innehalten und den Atem spüren.

Wenn Sie das Bedürfnis haben, für einen Moment allein zu sein, können Sie sich stets damit entschuldigen, dass Sie auf die Toilette müssen, und sich dorthin zurückziehen, die Augen schließen und sich auf den Atem konzentrieren. Schon nach fünf bewussten Atemzügen werden Sie sich besser fühlen.

4. Pausen nicht vergessen

Legen Sie Pausen ein, wenn Sie merken, dass Ihnen etwas zu viel wird? Gerade ausgeprägt sensible Menschen sind auf regelmäßige Ruhezeiten angewiesen, um Überreizung zu vermeiden beziehungsweise besser bewältigen zu können! Vor allem müssen sie sie rechtzeitig einlegen, *bevor* sie zu erschöpft sind.

Der größte Nutzen, den ich persönlich aus der Achtsamkeitspraxis gezogen habe, ist die Tatsache, dass ich heute zum richtigen Zeitpunkt innehalten und Pausen machen kann. Achtsamkeit macht mich rechtzeitig darauf aufmerksam, dass meine Energiereserven schwinden, und die Atemübungen sind mein Anker, während ich mich ausruhe. Früher fiel es mir schwer, Pausen einzulegen, weil ich mir zu viele Gedanken über das machte, was ich gerade tat. Es war schwierig, diese Gedanken ziehen zu lassen und sich auf etwas anderes zu konzentrieren. Jetzt konzentriere ich mich einfach auf meine Atmung. Entweder nur auf das Ein- und Ausatmen oder in Verbindung mit einer der Übungen aus diesem Buch.

Als Mensch mit hoher Sensitivität besitzen Sie womöglich eine ausgeprägte Fähigkeit, sich zu konzentrieren und in Dinge zu versenken. Dann ist es für Sie eine echte Herausforderung, sich genügend

Pausen zu gönnen, statt einfach weiterzumachen, bis Sie all Ihre Energie erschöpft haben. Versuchen Sie es trotzdem: Halten Sie inne, schließen Sie die Augen oder betrachten Sie den Himmel oder die Bäume. Hören Sie die Vögel und konzentrieren Sie sich auf Ihre Atmung.

Sie können alles schaffen, wenn Sie regelmäßig innehalten und sich erholen.

5. Das richtige Tempo

Die meisten Menschen bewegen sich entweder schneller oder langsamer, als es ihrem natürlichen Rhythmus entspricht. Manche sollten daher ihr Tempo drosseln, andere einen Zahn zulegen.

Ich habe mich selbst immer als schnell betrachtet. Doch in Wahrheit bin ich wohl ziemlich langsam. Jedenfalls in gewisser Hinsicht. Früher habe ich mich gern schneller bewegt, als eigentlich gut für mich ist, teils weil ich stets so viel erledigen wollte, teils weil ich damit meine Angst auf Distanz hielt. Ich hatte mir diese Geschwindigkeit angewöhnt, weil ich mir einredete, Langsamkeit sei ein Zeichen minderer Intelligenz. Wer intelligent ist, ist auch schnell – jederzeit. Dachte ich zumindest. Ich mag es nicht, wenn andere auf mich warten müssen. Das macht mich unsicher und nervös. Deshalb habe ich mich grundsätzlich beeilt. Heute bin ich mir bewusst, dass ich mein Tempo drosseln muss. Andere hingegen haben vielleicht Angst, Entscheidungen zu treffen oder etwas falsch zu machen. Dadurch werden sie langsamer, als es ihrem natürlichen Tempo entspricht, und sie täten besser daran, in die Gänge zu kommen und entscheidungsfreudiger zu werden.

ÜBUNG

Mein natürliches Tempo

Achten Sie bei einer beliebigen Alltagstätigkeit einmal auf Ihr Tempo. Bewegen Sie sich in Ihrer natürlichen Geschwindigkeit? Oder wäre es Ihrer persönlichen Konstitution angemessener, wenn Sie langsamer oder schneller werden würden?

Versuchen Sie, wann und wo immer möglich, Ihr persönliches Tempo einzuhalten, auch wenn Sie Sport treiben, mit dem Fahrrad oder Auto fahren – oder ganz einfach beim Gehen.

6. Sich Zeit nehmen

Es ist unmöglich, gegenwärtig zu sein, wenn Sie im letzten Moment aus der Tür stürzen, um zu einem Termin zu kommen oder etwas zu erledigen. So werden Ihre Gedanken Ihrem Körper stets voraus sein. Ihre Bewegungen werden hektisch, Sie werden reizbar und nervös. Vielleicht vergeuden Sie auch zusätzliche Zeit, weil Sie sich am Ziel langatmig für Ihre Verspätung entschuldigen müssen. Zu spät oder in letzter Sekunde zu kommen ist eine schlechte Angewohnheit, die Ihnen Energie raubt und Sie erschöpft. Das gilt für Verabredungen mit anderen ebenso wie für Projekte oder Arbeitsaufgaben, die Sie erledigen müssen.

Planen Sie stets genügend Zeit ein und wechseln Sie achtsam und in vollem Bewusstsein von einer Aufgabe zur nächsten. Dies wird Ihren gesamten Tagesablauf und Energiehaushalt positiv beeinflussen. Dazu bedarf es der Planung und Struktur. Es ist gut möglich, dass Sie auf diese Weise insgesamt weniger erledigen können. Doch das, was Sie tun, werden Sie vermutlich besser machen – und Sie werden es genießen.

7. Die Morgenstille ausnutzen

Die frühen Morgenstunden sind eine wunderbare Zeit, um seine Achtsamkeit zu schulen. Die Hektik des Tages hat noch nicht begonnen, und der Friede und die Stille dieser frühen Stunde eignen sich hervorragend dazu, jedem einzelnen Augenblick seine volle Aufmerksamkeit zu schenken.

Als ich vor zwölf Jahren anfing zu meditieren, fiel es mir schwer, innere Ruhe zu finden. Während der Meditation hörten meine Gedanken nicht auf zu kreisen. Dann kam ich auf die Idee, meine Meditation auf den frühen Morgen zu verlegen. Von da an stand ich um vier Uhr morgens auf, um zu meditieren – und empfand einen wunderbaren Frieden: den Frieden des Universums und in mir selbst. Ich war im Hier und Jetzt gegenwärtig und dachte nicht an die Pflichten des Alltags. Nachdem ich eine halbe Stunde meditiert hatte, ging ich wieder ins Bett und stand später gemeinsam mit meiner Familie auf – den Schlaf, den ich dadurch versäumte, habe ich niemals vermisst.

Heute stehe ich nicht mehr ganz so früh auf, eher zwischen fünf und sechs Uhr, und freue mich, Zeit für mich zu haben. Mehrmals in der Woche fahre ich ans Meer und genieße die morgendliche Stille, nachdem ich im Winter einmal kurz ins Wasser getaucht und im Sommer ausgiebig geschwommen bin. An manchen Tagen fällt mir das frühe Aufstehen schwer, doch in den meisten Fällen tue ich es dennoch, weil ich genau weiß, wie viel Freude und Wohlbehagen es mir verschafft.

8. Zeit für mich

Hochsensible Menschen besitzen eine überdurchschnittliche Fähigkeit, sich zu fokussieren und in etwas einzutauchen – sie leiden nur sehr darunter, wenn sie unterbrochen und aus ihrer Versunkenheit herausgerissen werden. Vielleicht kennen Sie das ja von sich selbst? Werden Sie reizbar und unleidlich, wenn Sie nicht genug Zeit haben, sich Ihrem Innenleben und Ihren tiefen Gedanken zu widmen? Das lässt sich ändern, indem Sie sich jeden Tag ausreichend Platz schaffen, um ungestört mit sich allein zu sein.

Es braucht ohnehin ein wenig ungestörte Zeit, um Achtsamkeitsübungen zu machen oder zu meditieren. Schon 10 bis 15 Minuten am Tag reichen aus, wenn Sie sich erst einmal daran gewöhnt haben. Sie brauchen dazu auch nicht unbedingt einen Ort, an dem es vollkommen still ist. Ungestörte Zeit bedeutet nur, dass Sie nicht auf Geräusche achten *müssen*, weil Sie wissen, dass sich in diesem Moment eine andere Person um Ihre Kinder kümmert, ans Telefon geht oder die Haustür öffnet. Das kann eine große Herausforderung sein – vor allem Frauen fällt es oft schwer, einmal nicht für andere da zu sein oder diese sogar darum zu bitten, etwas für sie zu tun. Sie trainieren auf diese Weise also auch Ihr Vertrauen darin, dass die anderen allein zurechtkommen und Sie schon rufen werden, wenn sie Ihre Hilfe brauchen. Kinder müssen nicht sehr alt sein, um sich daran zu gewöhnen, dass ihre Mutter oder ihr Vater zu einer bestimmten Zeit des Tages nicht gestört werden möchte.

Unter Umständen ist es auch nötig, Ihre Arbeitszeiten anders zu strukturieren, damit Sie im Laufe des Tages immer wieder ungestörte Zeit für sich haben können. Seien Sie sich im Klaren, dass Sie selbst auf Ihre Bedürfnisse aufmerksam machen müssen. Falls es sich mit Ihrem Arbeitsrhythmus vereinbaren lässt, dann reservieren Sie jeden Tag eine bestimmte Zeitspanne für sich selbst, beispielsweise zwischen 10 und 12 Uhr. Informieren Sie Ihre Kollegen darüber, und machen Sie sich keine unnötigen Sorgen, was diese wohl von Ihnen denken werden. Sie brauchen sich auch nicht weitschweifig zu erklären oder gar zu entschuldigen. Halten Sie im Wissen, warum Sie dies tun, an Ihrem neuen Ablauf fest, und rechnen Sie fest mit dem Verständnis Ihrer Kollegen. Solange Sie nicht selbst zu Ihrer neuen Tagesstruktur stehen, können Sie auch nicht erwarten, dass andere es tun.

Schließen Sie falls möglich die Tür oder stellen Sie eine hübsche Blume an den Rand Ihres Schreibtischs, vielleicht versehen mit einem Schild, das Sie und andere daran erinnert, zu welcher Zeit Sie in Ruhe gelassen werden möchten.

9. Körper und Seele pflegen

Für die Lebensqualität der meisten Menschen ist es von entscheidender Bedeutung, Körper und Seele nicht zu vernachlässigen. Und weil Hochsensiblen die Sinneseindrücke sozusagen noch tiefer unter die Haut gehen, haben sie ein ganz besonderes Bedürfnis, ihren Körper und ihre Seele zu pflegen und sich Gutes zu tun. Das bezieht sich auf alle Lebensbereiche – angefangen bei gesunder Ernährung über das richtige Maß an Bewegung sowie ausreichend erholsamen Schlaf zur richtigen Zeit bis hin zur Gemeinsamkeit mit anderen und der Zeit, die einem ganz allein gehört.

Bei allem, was Sie tun, gilt: Planen Sie jeweils eine Erholungsphase vor und nach Anstrengungen ein. Schaffen Sie sich in allen Ihren Bedürfnissen entsprechende Strukturen. Dazu gehören auch Rituale und feste Traditionen für sich allein und mit anderen. Ihre sensitive Seele wird dadurch besondere Nahrung erhalten.

10. Achtsamkeitsglocken etablieren

Buddhisten nutzen ihre Tempelglocken als Erinnerung, innezuhalten und gegenwärtig zu sein. Auch Sie können sich Ihre persönlichen »Wecker« schaffen, die Sie daran erinnern, in Ihrem Alltag zur Achtsamkeit zurückzukehren. Es kann jedes beliebige Ereignis in Ihrem Alltag sein, das Ihnen geeignet erscheint. Zum Beispiel immer dann, wenn die Strahlen der Sonne auf Ihren Tisch fallen, Sie den Gesang der Vögel hören oder vor der roten Ampel anhalten, wenn Sie Kinder spielen hören oder Ihre Liebste ein Lied singt, wenn Sie sich die Zähne putzen oder darauf warten, dass Ihr Computer hochfährt.

Ihre Achtsamkeitsglocke kann aber auch läuten, wenn Sie sich ärgern, das Telefon zur Unzeit klingelt oder Sie in einem Verkehrsstau stecken – und Ihnen als Signal dienen, ins Hier und Jetzt zurückzukehren. Thich Nhat Hanh zufolge sollten wir gerade Störungen als geistige Freunde auf unserem Weg zur Achtsamkeit betrachten.

Meine Achtsamkeitsglocken

Notieren Sie Ihre Antworten möglichst in einem
Heft, um sich klarer daran zu erinnern.

Was möchten Sie als Wecksignal nutzen,
um in Ihrem Alltag immer wieder ins Hier und
Jetzt zurückzukehren?

··

Hindernisse auf dem Weg

Vermutlich wird Ihr Wunsch, Achtsamkeit zu praktizieren, das ein oder andere Mal unbewusst von
Ihnen sabotiert. Das ist normal. Wir sind es nicht
gewohnt, uns zu spüren. Sowie wir unbeschäftigt
sind, bekommen wir Angst, mit uns allein zu sein,
und stürzen uns hektisch in irgendwelche Tätigkeiten. Wir schalten den Fernseher ein, machen uns
Sorgen, beklagen uns, essen, lesen, telefonieren,
schreiben SMS oder E-Mails. Die Möglichkeiten
sind unbegrenzt.

Wenn Sie Achtsamkeit praktizieren, werden Sie verstärkt auf sich selbst aufmerksam. Dabei können Ihnen gerade zu Beginn auch schmerzliche Dinge bewusst werden. Dinge, mit denen Sie sich lieber gar nicht beschäftigen möchten. Vielleicht entdecken Sie an sich die Gewohnheit, stets nach anderen und höheren Dingen zu streben als denen, die Sie gerade tun, und rastlos von einer Tätigkeit zur nächsten zu hetzen.

Oder Sie bemerken, dass Sie etwas Bestimmtes traurig macht, dass Sie sich langweilen, unruhig und gestresst, ungeduldig, reizbar, ängstlich oder unzufrieden sind. Vielleicht entdecken Sie auch eine große Müdigkeit, die Ihnen zuvor nie bewusst war, und schlafen jedes Mal ein, wenn Sie Ihre Achtsamkeitsübungen praktizieren wollen.

Wenn Sie damit beginnen, Achtsamkeit zu praktizieren, werden Sie sich stärker der Realität bewusst – was Ihnen neue Möglichkeiten eröffnet, noch besser für sich zu sorgen. Wenn Sie sich beispielsweise Ihrer Erschöpfung bewusst werden, können Sie überlegen, wie Sie damit umgehen wollen: Möchten Sie sich mehr ausruhen, früher ins Bett gehen, weniger arbeiten, sich bestimmte Aufgaben vom Hals schaffen, im Alltag mehr Ruhe finden oder Ihre eigenen Erwartungen an Ihre Leistungsfähigkeit herunterschrauben?

Wenn Ihnen dabei außerdem bewusst wird, welche Gedanken, Gefühle und Tätigkeiten es sind, die Sie an der Achtsamkeitspraxis hindern, sind Sie bereits auf gutem Wege. Dann besteht der nächste Schritt darin, dem Impuls zu widerstehen, während des Übens Ihren Gedanken und Gefühlen nachzuhängen oder gleich etwas ganz anderes zu tun.

Achten Sie vor allem auf Gedanken wie diese:
- Ich habe keine Zeit.
- Das mache ich später.
- Ich bin jetzt nicht in der Stimmung.
- Das langweilt mich.
- Ich habe noch so viel anderes zu tun.
- Heute geht es nicht, ich bin zu gestresst.
- Mir geht's gut, also mache ich heute mal eine Pause.

Und Empfindungen wie:
- Ruhelosigkeit
- Müdigkeit
- Zweifel
- Unwillen
- der Drang, etwas anderes zu tun

Achten Sie ganz allgemein mehr auf die Dinge, die Ihnen in die Quere kommen und Sie ablenken wollen. Und wenn der Impuls auftaucht, etwas anderes zu tun, als Ihre Achtsamkeit zu trainieren, brauchen Sie nur eines zu tun: Starten Sie Ihre App und setzen sich hin. Bestimmt werden Sie die Erfahrung machen, wie schwer es sein kann, sich überhaupt erst einmal hinzusetzen und mit den Übungen zu beginnen. Wenn Sie es doch tun, werden Sie aber auch dieses erleben: dass die ersten zehn Sekunden das Schwierigste sind und es danach einfacher wird.

Wenn Sie es schaffen, Ihre immer wieder abschweifenden Gedanken einfach zu beobachten und zu akzeptieren – und sie dann loszulassen –, dann sind Sie bereits sehr weit gekommen.

Hindernisse akzeptieren – und weitermachen

In der Achtsamkeit geht es darum, sich selbst und seine Gedanken kennenzulernen. Die Kunst besteht darin, dann zu entscheiden, welche Gedanken man ernst nehmen sollte und welche man getrost überhören kann.

Ich bade zum Beispiel das ganze Jahr hindurch im Meer. Und ich gebe gerne zu, dass meine Gedanken mir regelmäßig – vor allem wenn ich an einem dunklen und kalten Novembermorgen auf dem

Weg zum Strand bin – zurufen, das sei reiner Wahnsinn. Selbst wenn ich schon auf dem Steg stehe und ins Wasser gucke, schreien sie noch, es sei zu kalt. Ich höre diese Gedanken, akzeptiere sie mit Geduld und Freundlichkeit – und gehe ins Wasser. Wenn ich dann nach dem Baden und einem Saunagang mit einer Tasse Tee dasitze und den Sonnenaufgang über dem Meer betrachte, bin ich achtsamer als je zuvor. Auch wenn die Gedanken mich manches Mal daran hindern wollen, habe ich mein Morgenbad noch nie bereut.

Selbstdisziplin

Falls Sie wirklich eine nachhaltige Veränderung und Entwicklung anstreben, kommen Sie um eine Sache nicht umhin, die sich zunächst vielleicht eher demotivierend anhören mag – Selbstdisziplin. Vielleicht haben Sie einen Achtsamkeitskurs gemacht und waren zunächst total begeistert von der Aussicht, Ihrem Leben eine neue positive Richtung geben zu können, konnten sich jedoch nicht wirklich von Ihren alten Denk- und Handlungsmustern befreien. Dann haben Sie womöglich einen weiteren Kurs belegt, wiederum ohne eine nachhaltige Veränderung erreichen zu können.

Als Coach habe ich die Erfahrung gemacht, dass Selbstdisziplin der entscheidende Faktor ist, von dem es abhängt, ob es jemandem gelingt, seine selbst gesteckten Ziele zu erreichen oder nicht.

Ohne ein gewisses Maß an Selbstdisziplin werden Sie auch aus diesem Buch keinen Nutzen ziehen können, sondern stattdessen nur ein schlechtes Gewissen bekommen, wenn Sie merken, dass Ihnen Achtsamkeit zwar guttäte, Sie aber nicht in der Lage sind, den nötigen Einsatz dafür zu bringen.

Viele Menschen leiden darunter, die Ziele, die sie sich setzen, immer wieder aufzuschieben oder gar aufzugeben. Wer dies regelmäßig tut, entwickelt irgendwann ein chronisch schlechtes Gewissen. Die Folge können Minderwertigkeitsgefühle sein und das Empfinden, bei Weitem nicht der Mensch zu sein, der man sein möchte. Früher galten Disziplin und Willensstärke als hohe Tugenden. Heutzutage sind viele der Meinung, dass wir vor allem das tun sollten, wozu wir Lust haben. Aber ganz so einfach ist es nicht. Denn ohne Selbstdisziplin und Willensstärke leisten wir viel weniger als das, wozu wir in der Lage wären. Und als ausgeprägt sensitiver Mensch bleiben Sie durch ein solches Verhalten weit unter den Erwartungen, die Sie an sich selbst haben.

Das Problem besteht vielleicht darin, dass Sie es sich im Laufe der Zeit abgewöhnt haben, sich selbst zu etwas zu verpflichten und es dann auch konsequent zu tun. Entweder fehlt Ihnen die Energie oder der Mut dazu, Sie fühlen sich nicht richtig danach, haben andere und wichtigere Dinge zu erledigen. Viele dieser Entschuldigungen sind nichts als Ausreden und Fluchtwege, die Sie von dem abbringen, was Sie sich eigentlich zum Ziel gesetzt haben.

In Ihrer Kindheit waren es Ihre Eltern und andere Erwachsene, die Ihnen wohlmeinend die Verantwortung für vieles abgenommen haben, das gut und gesund für Sie war. Sie haben dafür gesorgt, dass Sie sich die Zähne putzten, rechtzeitig ins Bett kamen, obwohl Sie lieber noch aufgeblieben wären, Ihre Hausaufgaben machten, obwohl Sie keine Lust dazu hatten, und vieles mehr. So ist das eben als Kind.

Als Erwachsener müssen Sie selbst die Verantwortung für das übernehmen, was auf lange Sicht gut und gesund für Sie ist, auch wenn Sie mal keine Lust haben oder es Ihnen an Energie mangelt.

Dabei hat es äußerst positive Auswirkungen, zum Beispiel auf Ihr Selbstwertgefühl, wenn Sie Ihren eigenen Erwartungen gerecht werden. Und als hochsensibler Mensch haben Sie vermutlich große

Erwartungen an sich selbst, vielleicht zu große. Falls Sie an sich die Tendenz wahrnehmen, diesen oftmals nicht zu entsprechen, sollten Sie sich überlegen, ob Ihre Ziele nicht zu hochgesteckt sind. Denn das, was Sie erreichen möchten, sollte mit dem in Einklang stehen, was Sie zu leisten imstande sind. Und wenn Sie sich erst einmal daran gewöhnt haben, Ihren Alltag zu strukturieren, gute Gewohnheiten zu etablieren und Ihre Ziele Ihrer Leistungsfähigkeit anzupassen, dann werden Sie entdecken, dass Sie einen zähen Willen haben, das, was Ihnen am Herzen liegt, auch zu tun.

Glücklicherweise lässt sich auch die Selbstdisziplin trainieren – so wie man einen Muskel trainiert. Es geht darum zu lernen, sich nicht ablenken zu lassen oder vorschnell aufzugeben, sondern das zu tun, was Sie sich vorgenommen haben, aus dem einfachen Grund, weil Sie sich dazu entschlossen haben, und nicht, weil es sich gerade angenehm anfühlt oder Ihnen eine besondere Freude macht. Nein, Sie haben die Entscheidung getroffen, also tun Sie es! Stoppen Sie die ewigen Gedankenspiele, ob Sie nicht lieber doch etwas anderes tun sollten oder ob nicht später ein besserer Zeitpunkt wäre. Tun Sie es einfach deshalb, weil Sie es sich fest vorgenommen haben, und zwar jetzt gleich. Basta!

Sollte es ausnahmsweise doch einmal notwendig sein, Ihren Plan zu ändern, dann tun Sie dies mit ganzer Aufmerksamkeit und in vollem Bewusstsein. Vergegenwärtigen Sie sich, dass Sie Ihr Vorhaben verschieben müssen, und beschließen Sie, es bei nächster Gelegenheit nachzuholen.

Und immer wenn Sie – sowie Sie gedenken, nun Ihren Plan umzusetzen – den unmäßigen Drang verspüren, eine Freundin anzurufen oder ihr eine SMS zu schreiben, irgendetwas anderes zu erledigen oder Schokolade zu essen, dann sagen Sie zu sich selbst: *Impuls*. Sagen Sie es gern laut, das erhöht Ihre Aufmerksamkeit und gibt Ihnen die Möglichkeit, innezuhalten und bewusst zu entscheiden, ob Sie Ihrem Impuls automatisch folgen oder ihn ignorieren wollen, um das zu tun, was Sie sich vorgenommen hatten, zum Beispiel Ihre Achtsamkeit zu trainieren.

Machen Sie es sich leicht

Achtsam sein ist in Wahrheit so leicht, dass man es kaum glauben möchte. Aber wir sind es so sehr gewohnt, uns anstrengen zu müssen, um Veränderungen zu erreichen, dass es uns manchmal schwerfällt, uns zu entspannen und Ruhe in der Einfachheit zu finden. Wir glauben, alles müsse mühsam sein, aber das ist nicht der Fall. Und es gibt keinen Grund, sich die Dinge schwerer zu machen als nötig.

Erleichtern Sie sich Ihr Achtsamkeitstraining einfach, indem Sie jeden Tag demselben Plan folgen. Dadurch verhindern Sie, dass Sie sich immer wieder in Gedankenspielen darüber verlieren, wie Sie vorgehen sollten – ob Sie früher oder später anfangen, sich für die eine oder die andere Übung entscheiden sollten, ob Sie überhaupt Zeit haben, ob zehn Minuten nötig sind oder ob fünf Minuten nicht völlig ausreichen. Ersticken Sie diese inneren Diskussionen im Keim und folgen Sie einfach Ihrem Plan.

Geben Sie Ihrem Training eine übersichtliche Struktur: immer zur gleichen Zeit am gleichen Ort die gleiche Übung. Wiederholungen und Einfachheit schaffen innere Ruhe.

Hört sich das für Sie langweilig an? Kann schon sein. Wir haben uns so sehr daran gewöhnt, dass sich alles ständig verändert und wir zahlreiche Wahlmöglichkeiten haben, dass Wiederholungen uns schnell ermüden.

Ich schlage Ihnen vor, es probehalber einfach für eine gewisse Zeit mit dieser schlichten Struktur zu versuchen. Sagen wir, für drei Wochen. Sie werden überrascht sein, wie viel Sie damit erreichen.

Vielleicht werden Sie sogar die Erfahrung machen, dass Wiederholungen gar nicht langweilig sind, sondern im Gegenteil viel Kraft geben. Und möglicherweise entdecken Sie auch, dass Ihre bisherige Annahme, ständig Veränderungen zu brauchen, um sich nicht zu langweilen, falsch war.

Sie sind auf einem guten Weg

Wenn Sie Achtsamkeitsübungen machen, kommen Sie unweigerlich mit Ihrer Ungeduld und Ruhelosigkeit in Kontakt. Vielleicht spüren Sie den Drang, aufzustehen und etwas anderes zu tun. Oder Sie langweilen sich, wollen alles schnell hinter sich bringen, haben bereits andere Dinge im Kopf. Möglicherweise empfinden Sie die Übungen als Zeitverschwendung oder Sie denken, dass Sie ein ganz anderer Mensch sein sollten. Sie werten und urteilen.

Genau das sind die Momente, in denen Sie Ihre Achtsamkeit trainieren: wenn Ihnen Ihre Gedanken, Gefühle und Impulse bewusst werden und Sie es unterlassen, diesen automatisch zu folgen. Wenn es Ihnen gelingt, Ihre Ruhelosigkeit, Selbstkritik und Ungeduld einfach wertfrei zu beobachten, ohne daran sofort etwas ändern zu müssen.

Die eigenen Absichten klären

Es motiviert und entlastet Ihre Willensstärke und Selbstdisziplin, wenn Sie sich klarmachen, *warum* Sie das wollen, was Sie sich zum Ziel gesetzt haben. Was für eine Absicht steckt dahinter? Was möchten Sie gerne erreichen und was hätten Sie davon?

Lassen Sie mich an dieser Stelle eine kleine Metapher über drei Arten, ein Haus zu bauen, erzählen. Drei Maurer, die auf derselben Baustelle arbeiten, werden gefragt, was sie tun. Der erste antwortet: *»Ich lege einen Stein auf den anderen, wie man es mich gelehrt hat.«* Der zweite sagt: *»Ich errichte ein Gebäude.«* Und der dritte erklärt: *»Ich baue eine Kathedrale und stelle mir vor, dass dort für alle Zeit Menschen zusammenkommen, um Kontakt mit Gott zu suchen.«*

Es ist von entscheidender Bedeutung, ob Sie wissen, *warum* Sie Achtsamkeit praktizieren möchten. Ob Sie dadurch geduldiger und liebevoller, ein besserer Partner oder eine bessere Kollegin werden möchten, ob Sie mehr Lebensfreude, Begeisterung und innere Ruhe anstreben, Ihr Selbstwertgefühl stärken oder mehr Verantwortung für andere Menschen übernehmen wollen, ob Sie vorhaben, sich selbst und anderen mehr Freude zu bereiten, etc.

Warum genau wollen Sie achtsamer werden? Welche Absichten und Ziele verbinden Sie damit?
Ihre übergeordnete Intention könnte sich etwa folgendermaßen anhören: *Ich habe die Absicht, meine Empfindsamkeit zu schützen und inneren Frieden zu finden, indem ich das Leben nicht ständig beurteile, sondern es so nehme, wie es ist – mit Akzeptanz, Geduld und Freundlichkeit.* Oder: *Ich möchte die Kraft und die innere Ruhe finden, um der Mensch zu sein, zu dem ich erschaffen wurde, um mir selbst und anderen Freude zu bereiten.*
Es kann sehr motivierend sein, die Absichten zu formulieren, die Sie mit Ihrem täglichen Achtsamkeitstraining verbinden. Diese können von Tag zu Tag variieren:

- *Heute möchte ich meine Empfindsamkeit schützen.*
- *Heute möchte ich aufmerksam und gegenwärtig sein.*
- *Heute möchte ich mir meiner Gedanken bewusst werden.*
- *Heute möchte ich meine Gedanken loslassen.*
- *Heute möchte ich mir meiner Gefühle bewusst werden.*
- *Heute möchte ich mich selbst spüren.*
- *Heute möchte ich geduldig mit mir selbst sein.*

- *Heute möchte ich geduldig mit anderen sein.*
- *Heute möchte ich die Stille spüren.*
- *Heute möchte ich innere Ruhe finden.*
- *Heute möchte ich andere Meinungen tolerieren.*
- *Heute möchte ich weder be- noch verurteilen.*
- *Heute möchte ich anderen freundlich begegnen.*

Dass ich Ihnen an dieser Stelle empfehle, Ihre Absichten zu klären, mag Ihnen ein wenig widersprüchlich vorkommen, da es ja zu den Prinzipien der Achtsamkeit gehört, keine bestimmten Ergebnisse anzustreben. Doch in diesem Fall dient es dazu, Sie zu motivieren und Ihnen zu helfen, mit Ihrem Training zu beginnen. Sobald es Ihnen gelungen ist, die Achtsamkeitsübungen zu einem selbstverständlichen Teil Ihres Alltags zu machen, brauchen Sie Ihre Absichten nicht mehr zu definieren und können sich stattdessen darauf konzentrieren, den Wunsch nach einem bestimmten Resultat loszulassen.

Was möchte ich durch Achtsamkeit erreichen?

<u>Schreiben Sie Ihre Antworten wieder in ein Heft.</u>

Welche Absichten und Ziele verbinden Sie mit Ihren Achtsamkeitsübungen?

Gibt es andere Menschen, die von Ihrer Achtsamkeit profitieren würden? Wenn ja, wer?

Welche Absichten könnten sich motivierend auf Ihr tägliches Training auswirken?

Das Üben:
Wo, wie, wann und wie lange?

Ich empfehle, sich jeweils eine geleitete Achtsamkeitsübung ohne Musik anhören (siehe auch Seite 126). Lassen Sie sich von der Stimme, die durch die Übung führt, leiten. Natürlich können Sie die Übungen auch ohne Anleitung praktizieren, wenn Sie den Ablauf verinnerlicht haben.

Wo?

Suchen Sie sich zu Hause einen einladenden, möglichst ruhigen Platz, an dem Sie sich wohlfühlen und während des Übens nicht gestört werden. Setzen Sie sich jeden Tag an genau diesen Ort. Sie brauchen einen Stuhl oder ein Kissen auf dem Boden und die Möglichkeit, der Übungsanleitung zu folgen.

Aber auch wenn Sie nicht zu Hause sind, brauchen Sie Ihr Training nicht ausfallen zu lassen. Achtsamkeit lässt sich überall trainieren.

Wie?

Vielleicht mögen Sie als Erstes eine Kerze anzünden, die Sie auf den Beginn der Übung einstimmt. Dann setzen Sie sich entweder auf einen Stuhl oder ein Kissen und achten darauf, dass Ihr Rücken aufrecht und doch entspannt bleibt. Sofern es Ihnen möglich ist, verzichten Sie darauf, sich anzulehnen. (Sollte eine aufrechte Sitzhaltung aus welchen Gründen auch immer nicht machbar sein, so ist das jedoch kein Hinderungsgrund.) Finden Sie eine Haltung, in der Ihr Körper innerhalb Ihrer Möglichkeiten aufmerksam und gegenwärtig ist und Würde ausstrahlt. Dann schließen Sie die Augen, lassen Ihr Kinn ein klein wenig nach innen sinken und strecken dadurch Rücken und Nacken. Die Hände ruhen auf Ihren Oberschenkeln oder in Ihrem Schoß.

Machen Sie sich bewusst, dass während der Übung nichts Bestimmtes geschehen muss, Sie kein konkretes Ergebnis erzielen oder etwas leisten müssen.

Wann?

Am besten ist es, jeden Tag zu einem festen Zeitpunkt zu üben. Ich schlage vor, Sie tun dies am Morgen, ehe der geschäftige Alltag beginnt. Die Frische nach einem erholsamen Nachtschlaf schafft optimale Bedingungen für Ihr Training. Stehen Sie eventuell eine Viertelstunde früher auf, um nicht unter Zeitdruck zu geraten.

Wie lange?

Ich empfehle, mindestens einmal am Tag 10 bis 15 Minuten zu üben, und zwar an mindestens fünf Tagen in der Woche, gerne auch mehr. Doch fünfmal die Woche 10 bis 15 Minuten reichen absolut aus. Die Erfahrung zeigt, dass Sie schon nach kurzer Zeit erste Effekte spüren werden. Es ist besser, jeden Tag kurz zu üben, als stattdessen eine längere Übung am Wochenende zu machen.

Fünf Grundlagen
für ein erfolgreiches
Achtsamkeitstraining

Jetzt sind Sie an der Reihe. An dieser Stelle möchte ich Sie dazu einladen, sich einen konkreten – an Ihren Alltag und Ihre Möglichkeiten angepassten – Plan für Ihr Achtsamkeitstraining zu erstellen. Halten Sie ihn übersichtlich und simpel und stellen Sie nur Anforderungen an sich, die Sie auch erfüllen können. Gehen Sie nicht zu ehrgeizig ans Werk, denn es ist wichtig, dass Sie schon bald erste Erfolge spüren.

Fünf einfache Punkte sollten Sie dabei berücksichtigen:

- *Ihr Ziel*
- *Ihre Motivation*
- *die Struktur*
- *mögliche Hindernisse*
- *Evaluierung*

1. Ihr Ziel

Überlegen Sie sich, was Sie erreichen wollen. Formulieren Sie zunächst Ihr übergeordnetes Ziel, das, was Sie langfristig erreichen wollen. Dann unterteilen Sie Ihr Gesamtziel in kleinere Teilziele, die jeweils relativ leicht und in einem überschaubaren Zeitrahmen umsetzbar sind. Zum Beispiel: Mein übergeordnetes Ziel besteht darin, an fünf Tagen die Woche, immer von Montag bis Freitag, mindestens zehn Minuten Achtsamkeit zu üben, und zwar für die nächsten fünf Wochen, also bis zum _____ (Datum). Mein heutiges Teilziel besteht darin, um 7 Uhr für 15 Minuten Achtsamkeit zu üben.

Am nächsten Tag setzen Sie sich das nächste Teilziel: Ich möchte heute um 7.30 Uhr für zehn Minuten meine Achtsamkeit trainieren. Und so weiter.

2. Ihre Motivation

Es ist motivierend zu wissen, *warum* Sie Achtsamkeit praktizieren wollen. Wollen Sie Ihre Empfindsamkeit schützen, indem Sie lernen, Reizüberflutung, Stress und Erschöpfung vorzubeugen beziehungsweise besser damit umzugehen? Möchten Sie geduldiger werden, Ihre Energiereserven besser nutzen, innere Ruhe finden, anderen Menschen freundlicher und liebevoller gegenübertreten? Oder wünschen Sie sich, eine bessere Mutter oder ein besserer Vater zu sein, ein aufmerksamerer Freund oder Kollege? Oder haben Sie ganz allgemein den Wunsch, Ihr Potenzial besser zu nutzen, um der Mensch zu werden, der Sie sein möchten? Es kann die verschiedensten Gründe geben, um Achtsamkeit zu praktizieren. Lesen Sie eventuell noch einmal nach, was Sie im Abschnitt »Die eigenen Absichten klären« dazu aufgeschrieben haben.

3. Die Struktur

Schaffen Sie simple und übersichtliche Rahmenbedingungen für Ihr Achtsamkeitstraining. Einfachheit und Wiederholungen schenken Ihnen innere Ruhe. Absolvieren Sie Ihre Übungen möglichst jeden Tag zur selben Zeit am selben Ort. Praktizieren Sie über einen längeren Zeitraum hinweg ein und dieselbe Übung, bevor Sie zur nächsten übergehen und an dieser wiederum für einige Zeit festhalten. Wenn Sie mal nicht zu Hause sind, trainieren Sie Ihre Achtsamkeit eben an einem anderen Ort. Falls Sie wechselnde Arbeitszeiten haben, sollten Sie das bei Ihrer Trainingsplanung von vornherein berücksichtigen.

4. Mögliche Hindernisse

Indem Sie Ihre Achtsamkeit schulen, erkennen Sie mehr und mehr sich selbst. Am Anfang werden Sie dabei vielleicht die eine oder andere schmerzhafte Entdeckung machen oder sich unangenehmer Eigenschaften bewusst werden, zum Beispiel der Neigung, stets von einer Tätigkeit zur nächsten zu hetzen. Beobachten Sie sich selbst – Ihre Gefühle, Gedanken und Verhaltensweisen. Was hindert Sie daran, das zu tun, was Sie sich vorgenommen haben?

Auf diese Weise werden Sie sich zunehmend der Handlungsmuster bewusst, die Ihre Aufmerksamkeit immer wieder ablenken und Sie von Ihren selbst gesteckten Zielen abbringen. Betrachten Sie sie mit Akzeptanz, Geduld und Freundlichkeit – und entscheiden sich dann, ihnen nicht mehr automatisch zu folgen.

5. Evaluierung

Geben Sie sich ein wenig Zeit, bevor Sie darüber befinden, ob Achtsamkeit das Richtige für Sie ist oder nicht. Obwohl sich bei täglichem Training rasch ein positiver Effekt einstellt, dauert es dennoch eine gewisse Zeit, um die neue Gewohnheit auch wirklich zu verinnerlichen. Deshalb ist es wichtig, sich nicht jeden Tag Gedanken darüber zu machen, ob Ihnen das Training etwas bringt oder nicht.

Üben Sie mindestens drei bis fünf Wochen lang regelmäßig Achtsamkeit, bevor Sie entscheiden, ob diese Methode für Sie geeignet ist oder nicht.

Innerhalb dieser »Probezeit« können Sie jederzeit notwendige Änderungen vornehmen, um Ihren Trainingsplan besser an Ihren Alltag oder Ihre Bedürfnisse anzupassen. Ihr ursprünglicher Plan ist keine heilige Kuh und sollte nicht dazu führen, dass Sie zusätzlichen Stress haben oder vorzeitig das Handtuch werfen.

Falls Sie Ihren Plan ändern, sollten Sie das jedoch ganz bewusst tun und sich vorher genau überlegen, wie Sie in Zukunft fortfahren wollen. Etwas zu verändern ist etwas anderes, als aufzugeben!

Mein Plan für die Achtsamkeitspraxis

Bitte notieren Sie sich Ihre Antworten in einem Heft.

1. So möchte ich meine Achtsamkeit trainieren
Beschreiben Sie möglichst differenziert, auf welche Weise Sie Achtsamkeit praktizieren wollen: Welche Übungen will ich machen? Welche Achtsamkeitsglocken erinnern mich daran, im Alltag gegenwärtig zu sein? Welche Achtsamkeit fördernden Gewohnheiten möchte ich annehmen?

2. Das ist meine Motivation
Warum möchten Sie Ihre Achtsamkeit schulen? Welche Absichten verbinden Sie damit?

3. Diese Struktur gebe ich meiner Praxis
An welchem Ort und zu welcher Zeit wollen Sie Achtsamkeit üben? Wie lange?

4. Hindernisse, die auftreten könnten
Was könnte Sie daran hindern, Ihren Trainingsplan umzusetzen? Handelt es sich dabei um echte Hindernisse oder sind es nur Ausreden? Wie wollen Sie damit umgehen?

5. Die Evaluierung

Legen Sie einen Zeitpunkt fest, an dem Sie entscheiden wollen, ob Achtsamkeit etwas für Sie ist oder nicht, am besten nach drei bis fünf Wochen Training.
Notieren Sie das Datum:_____

Wann wollen Sie Ihre Trainingsstruktur bewerten, das heißt, ob Sie den richtigen Zeitpunkt und die richtige Übungshäufigkeit gewählt haben? Zum Beispiel nach einem Tag oder nach ein bis zwei Wochen.
Notieren Sie das Datum:_____

Wie motiviert sind Sie, Ihren Plan einzuhalten? Denken Sie sich eine Skala von 1 bis 10 (gar nicht bis hoch motiviert) und notieren Sie die entsprechende Zahl:____

Welche Voraussetzungen müssen für eine 10 erfüllt sein, falls dies nicht schon der Fall ist?

Abschließende Bewertung:
Was hat mir das Training gebracht?

Wenn Sie Ihre Achtsamkeit wie geplant trainiert haben, ist es nun an der Zeit zu entscheiden, ob diese Methode für Sie geeignet ist oder nicht. Beschreiben Sie hier, welche Erfahrungen Sie gemacht haben und welche Veränderungen Sie an sich bemerken.

- Wollen Sie mit dem Achtsamkeitstraining weitermachen? Warum?
- Wenn ja, welche Struktur passt am besten zu Ihnen und wie soll Ihr weiterer Plan aussehen?

Schlusswort

Ich habe dieses Buch speziell für Sie, liebe Hochsensible, geschrieben, weil ich weiß, dass Sie ein besonderes Potenzial besitzen, um ein glückliches und erfülltes Leben zu führen, das von tief greifenden Gedanken und liebevollen zwischenmenschlichen Beziehungen geprägt ist.

Ich weiß auch, dass es Ihnen oft schwerfällt, mit Ihrer großen Empfindsamkeit umzugehen. Es erfordert ein waches Bewusstsein, die stets drohende Reizüberflutung zu vermeiden, und besondere Werkzeuge, um mit ihr umzugehen, wenn sie bereits eingetreten ist.

Das Praktizieren von Achtsamkeit hat mir selbst einen großen Zuwachs an Lebensfreude beschert. Ich habe dadurch sowohl das Bewusstsein als auch die innere Ruhe gefunden, um einige ungünstige Gewohnheiten und Handlungsmuster zu ändern. Außerdem ist Achtsamkeit für mein Selbstwertgefühl, meine zwischenmenschlichen Beziehungen und mein Gefühl der Stärke von entscheidender Bedeutung.

Ich habe zahlreiche Achtsamkeitskurse gegeben und weiß aus Erfahrung, dass auch viele meiner Kursteilnehmer dauerhaft von Achtsamkeitspraxis profitiert haben. Zu erleben, dass eine simple Meditationstechnik solch eine große Wirkung entfalten kann, ist für mich eine außerordentliche Befriedigung.

Ich hoffe, die Essenz dieser Technik in diesem Buch anschaulich vermittelt und zugleich gezeigt zu haben, dass es sich im Grunde um eine sehr einfache Methode handelt. Schwierigkeiten machen uns in der Regel nur die Gedanken, Gefühle, Gewohnheiten und Handlungsimpulse, die automatisch und unbemerkt in uns ablaufen – solange wir nicht achtsam sind.

Achtsamkeit fördert unsere Veränderung und Weiterentwicklung. Darum handelt dieses Buch auch von der Entfaltung unseres Bewusstseins und unseres persönlichen Potenzials. Ich hoffe, es ist mir gelungen, Sie zu motivieren, zu inspirieren und Ihnen das nötige Rüstzeug an die Hand zu geben, um selbst Achtsamkeit zu praktizieren und damit Ihr persönliches Wachstum anzuregen.

Zum Abschluss möchte ich auf den nächsten Seiten noch einmal kurz zusammenfassen, worin der Kern von Achtsamkeit besteht und wie Sie mit dem umgehen können, was Ihrem Gegenwärtigsein womöglich im Wege steht.

Achtsamkeit …

- ist bewusste Gegenwärtigkeit.
- zeigt uns, was in diesem Moment geschieht.
- fördert grundlegende Prinzipien wie Akzeptanz, Geduld, Freundlichkeit, Nichturteilen und Loslassen.
- lehrt uns, Gedanken nicht zu viel Bedeutung beizumessen, zu wissen, dass sie nicht identisch mit der Wirklichkeit sind, sondern diese bloß interpretieren.
- handelt vom Hier und Jetzt und davon, die Dinge so zu nehmen, wie sie sind – ohne sie automatisch zu bewerten oder zu beurteilen.
- ermöglicht uns, Gedankenketten zu unterbrechen, loszulassen und unsere Aufmerksamkeit wieder auf die Atmung zu richten. Ein ums andere Mal.

Und jetzt noch ein paar allgemeine Vorschläge, wie Sie mit dem arbeiten können, was Ihnen »auf Ihrem Weg« begegnet:

Stellen Sie Ihre Gedanken grundsätzlich infrage und nehmen Sie sie insgesamt nicht so wichtig. Lassen Sie Gedanken los, die Sie hemmen und Ihnen nicht guttun, und konzentrieren Sie sich auf diejenigen, die hilfreich sind.

Halten Sie Ausschau nach Menschen und Situationen, die Sie unterstützen und bestätigen.

Arbeiten Sie mit geduldig Ihren Projektionen, Ihren Schattenseiten und dem, was andere Ihnen spiegeln.

Bringen Sie Ihr Potenzial ins Spiel. Machen Sie sich klar, was genau Sie wollen und warum Sie es wollen. Wovon träumen Sie und wie wollen Sie Ihre Träume umsetzen? Arbeiten Sie mit Ihren Zielen und Grenzen. Lassen Sie sich dabei eventuell von einem professionellen Coach helfen.

Klären Sie Ihre Wertvorstellungen. Machen Sie sich bewusst, welche Überzeugungen und Grundhaltungen Ihnen im Leben wichtig sind und was für ein Mensch Sie sein wollen. Eine solche Klärung der persönlichen Werte gehört zu den wirksamsten Werkzeugen eines jeden Coaches.

Stärken Sie Ihr Selbstwertgefühl, und reden Sie niemals abfällig von sich oder anderen. Nehmen Sie die Dinge nicht zu persönlich.

Führen Sie ein uneigennütziges Leben im Bewusstsein, was Sie anderen und sich selbst geben können. Richten Sie Ihre Visionen an anderen Menschen aus. *Was Sie sich selbst Gutes tun, kommt auch anderen zugute. Was Sie anderen zugutetun, kommt Ihnen selbst zugute.*

Suchen Sie sich einen Sparringspartner, der Sie versteht und unterstützt, z.B. einen Coach, Psychologen, Psychoanalytiker oder Seelsorger.

Nehmen Sie an einem Achtsamkeitskurs teil. Bestandteil einer Gruppe zu sein und gemeinsam die Technik zu erlernen und zu praktizieren, fördert die Motivation.

Ich wünsche Ihnen achtsames Vergnügen dabei.
Ihre
Susanne Moeberg

Der vietnamesische Zen-Meister Thich Nhat Hanh sagt, dass wir mit jedem Schritt, den wir gehen, einen Abdruck auf der Erde hinterlassen. Sind wir zornig, hinterlassen wir einen zornigen Abdruck. Sind wir glücklich und mitfühlend, hinterlassen wir einen glücklichen und mitfühlenden Abdruck. Seiner Meinung nach sollten wir immer so gehen, als seien wir der glücklichste Mensch auf der Welt, und in der Vorstellung, die Erde mit unseren Füßen zu küssen. Ich finde, das klingt wunderbar!

Empfehlenswerte Achtsamkeits-Apps, CDs und weitere Übungsmöglichkeiten

Smartphone-Apps mit Achtsamkeitsübungen und geleiteten Meditationen

- Die Achtsamkeit App
- 7Mind – Meditation & Achtsamkeit
- Buddhify2 *(bislang nur auf Englisch)*
- Mindfulness Daily *(bislang nur auf Englisch)*
- Stillness Buddy

Achtsamkeitsglocken als Erinnerungssignal für Smartphone oder PC

Die meisten Applikationen laufen unter Android und IOS, manche auch unter Windows

- Achtsamkeit Glocke
- MindBell
- Mindful Mynah
- Mindfulness Bell
- MindfulClock

Geführte Achtsamkeitsübungen auf CD

Jon Kabat-Zinn: *Stressbewältigung durch die Praxis der Achtsamkeit.* Arbor 2014

Jon Kabat-Zinn: *Die heilende Kraft der Achtsamkeit.* Arbor 2009

Jon Kabat-Zinn: *Achtsamkeit und Meditation im täglichen Leben.* Arbor 2007

Linda Lehrhaupt, Petra Meibert, Karin Krudup: *Stress bewältigen mit Achtsamkeit: MBSR- und Achtsamkeitsübungen für jeden Tag.* Kösel 2013

- Unter www.youtube.com und dem Stichwort Achtsamkeit MBSR ist eine Vielzahl von geleiteten Übungen verfügbar.
- Unter www.mbsr-verband.de finden Sie zertifizierte Kursleiter für Achtsamkeitstraining nach Jon Kabat-Zinn (mit Postleitzahlen-Suche).

Lebenshilfe auf den Punkt gebracht

Achtsamkeit hilft uns, mit den Herausforderungen des Lebens geschickter umzugehen – und dabei die kleinen Freuden des gegenwärtigen Augenblicks aus vollem Herzen zu genießen. Die kompakten Pocketguides bieten einen unkomplizierten Einstieg: Eine Fülle an Übungen und Impulsen zeigt, wie sich Achtsamkeit konkret im Alltag umsetzen lässt.

ISBN 978-3-95803-079-4

ISBN 978-3-95803-007-7

ISBN 978-3-95803-047-3

ISBN 978-3-95803-008-4

Weitere erfolgreiche Titel aus der Reihe »Achtsam leben«

»Das größte aller Wunder ist es,
lebendig zu sein. Achtsamkeit ermöglicht uns,
dieses Wunder zu berühren.«

Thich Nhat Hanh

Mehr über unsere Bücher unter www.scorpio-verlag.de

ISBN 978-3-95803-029-9

ISBN 978-3-95803-032-9

ISBN 978-3-943416-94-7

ISBN 978-3-95803-046-6